AF619679

8°Ln27
38527
bis

LA VÉNÉRABLE

ANNE-MARIE JAVOUHEY

PROTESTATION DE L'AUTEUR

Pour se conformer aux décrets du Pape Urbain VIII, d'heureuse mémoire, l'auteur proteste qu'à tout ce qu'il écrit ou raconte dans cette Vie de la *Vénérable Anne-Marie Javouhey,* on ne doit attacher d'autre valeur que celle qui s'accorde à une autorité purement humaine, car il ne veut en aucune manière prévenir le jugement de l'Eglise par rapport à la Vénérable servante de Dieu.

LA VÉNÉRABLE ANNE-MARIE JAVOUHEY

FONDATRICE

DE LA CONGRÉGATION DE SAINT-JOSEPH DE CLUNY

La Vénérable

ANNE-MARIE JAVOUHEY

(1779-1851)

Sa Vie — Ses Travaux — Ses Épreuves

PAR

le Chanoine L. CHAUMONT

AUMONIER DES SŒURS DE SAINT-JOSEPH A CLUNY

Res non verba.

PARIS
LIBRAIRIE Vve CH. POUSSIELGUE
15, RUE CASSETTE, 15

1909

Romæ, die 15 januarii 1909

NIHIL OBSTAT

Angelus MARIANI. S. C. Adv.

Sacr. Rit. Congregationis assessor.

IMPRIMATUR :

Parisiis, die 5ª Martii, 1909.

P. FAGES, v. g.

LETTRES ÉPISCOPALES

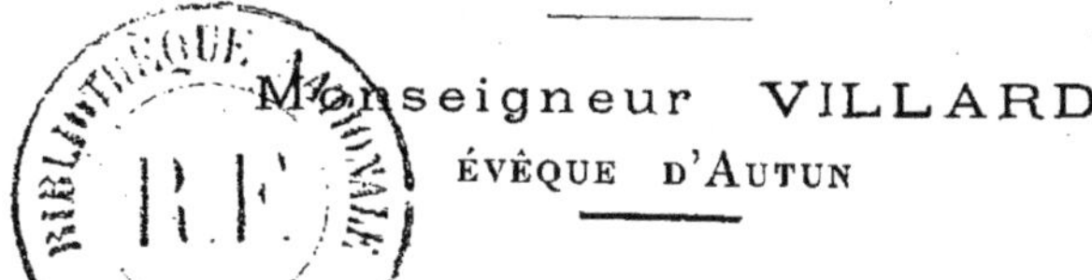

Monseigneur VILLARD

ÉVÊQUE D'AUTUN

ÉVÊCHÉ d'AUTUN

Autun, le 13 Janvier 1909,
octave de l'Epiphanie.

CHER MONSIEUR L'AUMONIER,

Je vous remercie d'avoir travaillé, une fois de plus à l'honneur du diocèse d'Autun, par cette nouvelle Vie de la Vénérable Mère Javouhey ; elle paraît à un moment très opportun. La Sainte Eglise a déclaré Vénérable la pieuse fondatrice et Dieu pour consacrer ce premier degré de gloire, en nous faisant espérer les suivants, a opéré par son intercession un miracle, qui, sauf le jugement souverain de l'autorité ecclésiastique, est évident. Vous en faites l'exact récit.

Je n'oublierai jamais la forte et douce impression que j'ai éprouvée à Cluny, le 28 mars, l'année dernière. Ce jour avait été choisi pour chanter le *Te Deum* de l'action de grâces en l'honneur de la Vénérable Mère. J'appris alors comment, aux secondes vêpres de la solennité de Saint-Joseph, donné pour Père à sa famille spirituelle par la Vénérable, l'humble religieuse, condamnée à mourir, recouvra subitement sa pleine santé, à la fin d'une neuvaine. Quelle impression en sentant se manifester ainsi la toute puissance divine, sollicitée par la pieuse fondatrice d'une telle Congrégation ! Et c'était là, au berceau même de cette Œuvre qui répand aujourd'hui ses bienfaits aux quatre coins du monde, après tant d'épreuves et de contradictions, signes certains de sa mission providentielle ! Ce premier miracle, opéré à Cluny même par la Vénérable, montre bien que les filles de la Mère Javouhey sont nôtres à jamais. Nous en sommes fiers ! C'est une richesse ajoutée à tant d'autres du diocèse du Sacré-Cœur.

Vous avez dignement rempli votre rôle d'historien. Votre travail contribuera à faire mieux connaître, admirer et surtout prier notre Bienheureuse de demain.

C'est le vœu de tant d'âmes saintes, qu'il se réalisera, nous l'espérons fermement.

Puissiez-vous avoir de nombreux lecteurs ! Je bénis votre livre et vous assure de mon très affectueux dévouement en N.-S.

† Henri-Raymond,
évêque d'Autun, Chalon et Mâcon.

Monseigneur DADOLLE
ÉVÊQUE DE DIJON

ÉVÊCHÉ
de DIJON

Dijon, le 3 février 1909

Monsieur l'Aumonier,

C'est avec le plus vif plaisir que j'unis mon témoignage à celui dont Mgr d'Autun a daigné honorer votre travail sur la Vénérable Mère Anne Javouhey, la Fondatrice illustre de l'Institut des Sœurs de Saint-Joseph de Cluny.

Si des circonstances particulières et providentielles firent de Cluny la capitale des fondations de Mère Javouhey, le diocèse de Dijon ne saurait oublier qu'il fut son berceau, et aussi le théâtre de ses premiers essais.

Et cela, entre autres causes, explique qu'Autun et Dijon se rencontrent fraternellement dans la même sympathie pour l'héroïne et pour l'œuvre de son biographe.

La *Vie* de Mère Javouhey n'était pas à faire, ni à refaire. Vous avez voulu la condenser, et votre dessein est bon, puisque réalisé comme il se trouve, il permettra à ceux qui n'auraient pas le loisir de lire les deux gros volumes de la Vie complète, d'apprendre cependant à connaître suffisamment l'une des plus grandes figures de l'hagiographie contemporaine.

Ce n'est pas un médiocre mérite, cher Monsieur l'Aumônier, que d'avoir su rendre si intéressant un abrégé, en évitant pareillement les longueurs et la sécheresse.

Puissiez-vous être beaucoup lu !

Je finis sur ce vœu et vous prie d'agréer l'expression de mon respectueux dévouement en Notre-Seigneur.

† Pierre
Evêque de Dijon.

AVANT-PROPOS

Ce Précis de la Vie de la Vénérable Mère Anne-Marie-Javouhey a paru, il y a quelques années, sous une forme plus abrégée, dans deux périodiques du diocèse d'Autun. Le docte et pieux cardinal Perraud l'avait approuvé et le fit mettre en brochure.

L'auteur, mieux placé pour étudier l'œuvre de cette femme admirable que Louis-Philippe surnomma un grand homme et que Pie X vient de déclarer Vénérable, a dû, en révisant son premier travail, en agrandir le cadre. Les faits qui emplissent la vie de la Fondatrice de Saint-Joseph de Cluny, les vertus qui l'illuminent se présentèrent en telle abondance et avec un tel éclat que de nouveaux chapitres vinrent s'ajouter comme d'eux-mêmes aux anciens, et la petite brochure est devenue un volume. Mais que de fois, pour rester fidèle au plan primitivement adopté, n'avons-nous pas été obligé de passer sous silence maints détails aussi édifiants qu'instructifs qui ajoutaient peu, il est vrai, à la réputation de la Vénérable Anne-Marie Javouhey! On trouvera à la table des matières le plan et l'ordonnance des faits, avec la série des fondations (1).

Nous ne pouvons taire ici le motif particulier qui, s'il en était besoin, justifierait cette nouvelle édition. Le 11 février 1908, la Cause de la Fondatrice des Sœurs de Saint-Joseph de Cluny avait été introduite devant la S. Congrégation des Rites. Grande était la joie dans les maisons du pieux Institut! Les fêtes d'action de grâces célébrées de divers côtés avaient été un vrai triomphe à la Maison-Mère. Nous nous apprêtions, à Cluny, à suivre le même cérémonial. L'ancien couvent des Récollets, ber-

(1) Nous plaçons en *Appendice* le décret du 13 février 1908 et quelques notes biographiques et historiques.

ceau de la Congrégation, est resté l'asile des religieuses âgées et infirmes. Or, il se trouvait parmi ces dernières une Sœur dont les jours étaient comptés. Elle se mourait de graves lésions intestinales. Le dimanche 15 mars, le médecin avait déclaré qu'elle ne verrait pas la fin de la semaine.

Devant l'impuissance des secours humains, la pauvre mourante eut recours à la prière et demanda sa guérison à la Vénérable M. Anne-Marie. Sentant son mal empirer de jour en jour, elle fit généreusement son sacrifice et se prépara à recevoir les derniers sacrements. La fête de saint Joseph semblait tout indiquée pour cette suprême consolation. A midi, une crise se manifeste dans son état. Quelle ne fut pas la stupéfaction des infirmières qui l'assistent de l'entendre s'écrier tout à coup : « Je suis guérie » et comme preuve, demander à se lever. On crut que c'était du délire ; il fallut bien se rendre à l'évidence. La malade était debout ; elle annonce qu'elle désire dans son bonheur se rendre au salut du Saint-Sacrement. Comment fera-t-elle, se disent ses compagnes, elle qui ne marche pas depuis plus de quatre mois ? Ce ne fut donc pas sans effroi qu'elles la virent sortir de l'infirmerie et pénétrer à la chapelle où elle resta longtemps en prières.

Après l'office, elle se présente à la R. Mère Supérieure puis aux autres religieuses de la communauté qui ne peuvent en croire leurs yeux. Le nombre des sceptiques l'emportera longtemps encore, tant ce retour à la santé leur paraît incroyable ! On soumet l'échappée du tombeau, pendant plusieurs jours, à de multiples épreuves ; toutes furent concluantes. La guérison était complète comme elle avait été soudaine. Durerait-elle ? Voilà ce que chacun se demandait. La constatation a été faite et refaite depuis ; les certificats du médecin attestent le parfait état sanitaire qui chez sœur

V. à succédé sans transition et sans rechute, le 19 mars 1908, à la résolution fatale de son mal.

Celui qui a écrit ces lignes ne s'est rendu à son tour que lorsqu'il ne lui fut plus possible de douter, comme il avait fait tout d'abord.

Credidi propter quod locutus sum, (Ps. 115).

Ce petit volume sera le témoignage de sa reconnaissance envers saint Joseph et la Vénérable Anne-Marie. Puisse-t-il contribuer, comme le souhaite Mgr Villard, à mieux faire connaître notre « Bienheureuse de demain »! Mais, quelque exact que soit le récit que nous venons de faire, nous ne prétendons en aucune manière devancer le jugement de l'Eglise, et déclarons nous conformer de tous points au décret rendu par le pape Urbain VIII, le 13 mars 1625.

Cluny, le 20 février 1909.

Nous sommes heureux de produire ici, avec toutes les réserves de droit, le certificat du médecin qui a soigné la religieuse en question. On remarquera que l'annonce qu'il fit de sa fin imminente porte les deux dates du 14 et du 15 mars. Cela tient à ce que le digne praticien eut l'occasion d'en parler le samedi et le dimanche.

« Je soussigné P. Arnaud, officier d'Académie, Docteur en médecine de la Faculté de Paris, déclare avoir donné mes soins pendant trois ans environ à Sœur Véronique du St-Sauveur Debarnot, atteinte successivement de gravelle accompagnée d'hépatite, puis d'une attaque d'appendicite suivie d'entérite et enfin, il y a quatre mois, de péritonite chronique. Les symptômes de ces affections abdominales étaient parfaitement caractéristiques et aucun doute ne pouvait exister sur le diagnostic.

« Malgré tous les traitements employés, l'état de la malade s'aggravait continuellement au point que je pressentais une issue fatale prochaine ainsi que je le déclarais, le 14 mars dernier. Subitement cinq jours après, un phénomène extraordinaire se produisit dans l'état de la malade qui se leva et déclara ne plus ressentir aucune souffrance. Le lendemain, lorsque je l'examinais, je constatais que tous les signes de maladie avaient dsiparu, que Sœur Véronique était debout et paraissait en bonne santé.

« Aujourd'hui 21 mars, après un nouvel et minutieux examen de tous les organes malades, je certifie que ceux-ci ne présentent plus aucune trace d'inflammation et que les symptômes des maladies indiquées plus haut ont subitement et totalement disparu depuis le 19 à 3 heures et demie du soir. »

Fait à Cluny, le 21 mars 1908.

Signé : Dr Arnaud.

« Je constate de nouveau après avoir examiné Sœur Véronique du St-Sauveur Debarnot que son état de santé se maintient excellent et qu'il m'a été impossible de trouver chez elle une lésion quelconque dans les organes. »

Cluny, le 14 octobre 1908.

Signé : Dr Arnaud.

LA VÉNÉRABLE
ANNE-MARIE JAVOUHEY
1779-1851

CHAPITRE PREMIER

Naissance. — Education chrétienne

Le voyageur qui de Verdun remonte la double vallée de la Saône et du Doubs, voit s'étendre devant lui à perte de vue, cette grande et riche plaine, l'un des greniers de la France, que l'on appelait autrefois le *pays d'Outre-Saône*. Elle est restée ce qu'elle a toujours été, une terre de labour par excellence. Quand on a franchi la Dheune, qui pendant quelques kilomètres sert de limite aux départements de la Côte-d'Or et de Saône-et-Loire, on arrive à Seurre, d'où les Bossuet étaient originaires ; l'altitude qui n'est que de 177 m. explique la douceur du climat et la variété des productions.

De Seurre, une belle route à l'est semble continuer les rues de la petite ville ; elle conduit à Jallanges, simple annexe de la paroisse. C'est là que vint au monde, le 10 novembre 1779, la future fondatrice de la Congrégation de Saint-Joseph de Cluny, Anne-Marie Javouhey (1).

Elle appartenait par sa naissance, à cette forte race de laboureurs bourguignons qui unissaient à l'amour du travail les pratiques de la vie chrétienne. Balthazar Javouhey, son père, avait été échevin de Chamblanc, comme tous ses ancêtres. Homme de tête et de cœur, il avait une nature ardente, un jugement droit et un caractère plein de franchise et de générosité. Ces traits de race se retrouveront dans sa fille *Annette* ou *Nannette*, comme on l'appelait au village. Sa mère, Claudine Parisot, de Chivres, lui transmit sa compassion pour les pauvres, sa piété douce et fervente.

Quatre ans après leur mariage, M. et Mme Javouhey étaient venus diriger une ferme à Jallanges. Voilà comment leur fille Anne fut baptisée à l'église de Seurre; c'était le 11 novembre, en la fête de Saint-Martin. Un ancien tableau du Sacré-Cœur, copié sur ceux que la B. Marguerite-Marie fit peindre de son vivant, orne encore le collatéral des fonts où Anne reçut le baptême. Elle venait la cinquième après deux garçons et deux filles : deux autres garçons et trois filles devaient suivre.

Pendant sa grossesse, Mme Javouhey se sentit intérieurement pressée d'invoquer le divin Cœur de Jésus, surtout le vendredi. Aussi, lorsque se révéla la vocation de sa fille, elle ne douta pas que Notre-Seigneur n'ait voulu donner avant sa naissance des marques de la grande mission qu'il lui avait réservée. Il est facile d'imaginer avec quel soin la pieuse mère s'appliqua à former le cœur et l'esprit de cette enfant prédestinée. Annette justifia dès son bas âge les espérances que son intelligence aussi vive que précoce avait fait conce-

(1) A l'extrémité-nord de la Bourgogne, à Joigny, naquit un mois plus tard, le 13 décembre, la B Madeleine-Sophie Barat, fondatrice de la Société du Sacré-Cœur.

voir. Elle était l'orgueil de son père et devint peu à peu le boute-en-train de ses frères et de ses sœurs, d'abord à Jallanges, puis à Chamblanc.

En 1786, M. Javouhey rentra avec sa famille dans sa paroisse d'origine. En grandissant, Nannette semait partout la joie sous ses pas par sa nature expansive, par ses reparties vives et spirituelles et par les grâces naissantes de sa personne. Elle apprit à lire, à écrire et à chiffrer chez Philippe Munier, recteur d'escolle à Chamblanc ; à neuf ans elle fit ses *Pâques*. C'était alors le terme usité pour désigner la première communion qui se faisait individuellement, dès qu'un enfant en était jugé digne. M. Javouhey, chrétien de vieille roche, trouvait Annette trop jeune, mais le curé, M. Rapin, n'hésita pas à l'admettre et la fit avancer avec confiance.

Des jours mauvais allaient se lever sur l'Eglise de France ; les prêtres fidèles durent abandonner leurs ouailles à des intrus nommés à l'élection et imposés par des gendarmes. M. Rapin qui avait courageusement refusé le serment schismatique, partit pour l'exil le 3 mai 1791. Un ex-capucin, nommé Barbier, prétendit prendre sa houlette pastorale, mais M. Javouhey ne voulut avoir aucune relation avec lui. Nannette « se croyant, avouait-elle ensuite humblement, plus savante que les autres », assista quelquefois, à l'insu des siens, aux offices constitutionnels. Les avertissements d'un saint prêtre qu'elle fut chargée de conduire auprès d'un malade, lui firent toucher du doigt son erreur.

Mais abandonnée à elle-même, elle se laissa aller à la dissipation et à la vanité, ou mieux elle suivit le mouvement qui, après le 9 thermidor (1794), entraînait, au sortir de la Terreur, les villes et les campagnes vers les réjouissances bruyantes et factices, destinées dans la pensée des réformateurs à remplacer les fêtes chrétiennes. Le citoyen Javouhey, maire de Chamblanc, en était le président officiel. La présence de son père dans les cortèges «civiques» autorisait, si elle ne les forçait, Annette ainsi que ses frères et sœurs, à y paraître. Mais le cœur et la grande âme de l'élue du Seigneur sentaient l'inanité et le vide de ces exhibitions. Elle éprouva bientôt un certain malaise et comme les reproches de sa conscience. « Dieu, dira-t-elle plus tard, n'a rien épargné pour me tirer des dangers du monde... Il m'a poursuivie dans ma fuite ; il m'a recherchée jusqu'à ce qu'enfin il m'ait retrouvée. »

« L'effleurement de la coquetterie fut rapide et passa sur son âme sans laisser aucune trace. On était sérieux au foyer des Javouhey !... On priait, le soir surtout, et l'hiver, le père, de sa voix grave, lisait la Vie des Saints à ses enfants, leur commentait les douloureux événements qui se déroulaient en France (1). » Mais nul ne tirait plus de profit que Nannette de cet enseignement domestique.

Déjà, en pleine Terreur, elle avait donné des preuves de son courage. Menacé dans sa vie et dans ses biens, le seigneur de Chamblanc s'était vu contraint de passer la frontière. Le château abandonné, les Jacobins du crû s'y portent avec fureur et mettent tout à feu et à sang. L'intrépide jeune fille les a devancés à la chapelle ; elle est assez heureuse pour en sortir les ornements sacrés et les préserver du vol et de l'incendie.

L'instrument dont Dieu se servit pour révéler à Anne Javouhey ses desseins sur elle, dans une heure aussi critique, fut M. Ballanche, missionnaire d'Ecole-Beaupré (Besançon), qui était venu secrètement s'établir à Seurre. Le curé Pageault avait eu le malheur d'adhérer au schisme et le vide s'était fait autour de lui. Une pieuse veuve, Mme Michéa, mit sa maison à la disposi-

(1) Mgr Dadolle, évêque de Dijon, *allocution à la fête d'action de grâces à Chamblanc, le 9 août 1908.*

tion du zélé missionnaire. C'est là que Mlle Javouhey et ses sœurs vinrent le trouver. Sur l'invitation de leur père, il se rendit à Chamblanc. Nannette eut ainsi l'occasion de le voir plus souvent et d'entendre ses sages conseils. Son dévouement qui le portait à tout braver pour venir en aide aux familles chrétiennes d'Auvillars, de Pouilly et de Pagny privées, comme celles de Chamblanc, de tout secours religieux, impressionna vivement le cœur de la jeune fille.

Elle apporta, à partir de ce jour, dans l'accomplissement de ses devoirs de catholique fervente, toute l'intrépidité de son caractère et de son innocence et elle devint l'auxiliaire dévouée des prêtres de Jésus-Christ persécutés par l'intolérance des sectaires. Le jour et la nuit, elle était par les chemins et les bois pour leur faciliter l'exercice du ministère sacré. S'agissait-il de protéger la célébration du saint sacrifice? Nannette avait l'œil ouvert sur tout ce qui se passait aux alentours et savait employer mille stratagèmes pour surveiller l'approche des espions ou détourner leur attention. Elle avait un sang-froid au milieu du danger et gardait une aisance qui démasquait toutes les ruses et triomphait de toutes les alertes. Les patriotes de Seurre, chargés d'inspecter Chamblanc et les villages voisins, la connaissaient bien. « Cette demoiselle Nannette, disaient-ils en se retirant, elle vous endoctrine si bien qu'il n'y a pas moyen de mettre la main sur son curé ! »

Que de fois elle sut leur répondre avec un aplomb imperturbable, cachant presque derrière elle un prêtre qu'elle venait d'enfermer dans une armoire ou de couvrir de fagots ! Elle proposait à boire aux sbires du club et les déroutait par toutes sortes d'indications, très propres cependant, selon elle, à assurer le succès de leurs recherches.

En même temps, son frère Etienne lui permit l'usage

de ses granges et hangars dont elle fera bientôt des salles de classe et de catéchisme. M. Javouhey, étant maire de la commune, avait chez lui le tambour municipal. Sans hésiter, Annette s'en servira pour convoquer à ses réunions enfants et jeunes gens. Le rendez-vous était au nord-est de Chamblanc, près d'un petit édicule qui renfermait la statue de Saint Jean-Baptiste, sur le chemin de Pagny, au lieu dit Navoyon.

Plus loin, les ombrages d'une épaisse forêt permettaient à l'intrépide jeune fille de réunir ses compagnes en grand nombre et de faire retentir les échos d'alentour de leurs pieux cantiques ; la belle chapelle du château devenait alors le but d'un vrai pèlerinage en l'honneur de la Sainte Vierge.

Tant de dévouement devait avoir sa récompense. Annette eut la joie de présenter à M. Ballanche toute une troupe de filles et de garçons suffisamment instruits pour être admis à la première communion. La pieuse cérémonie eut lieu au Cheffin, une première fois le 2 mai 1798, le jour de l'Ascension, et l'année suivante en la fête de la Pentecôte. L'oncle de notre intrépide catéchiste, J-B. Javouhey, avait mis à sa disposition un des bâtiments retirés de sa ferme qu'elle transforma en oratoire ; le mot d'ordre fut partout donné de s'y rendre à la faveur des ténèbres.

Quand la persécution perdit un peu de sa violence, les fidèles de Chamblanc se harsadèrent de temps en temps à s'introduire dans l'église (1), avant le lever de

(1) L'église de Chamblanc ne fut pas dévastée, comme tant d'autres pendant la Terreur. Elle garde encore son maître-autel du XVIIIe siècle, en marbre blanc et rose. Par devant dans un ovale se trouve un Sacré-Cœur en cuivre doré, transpercé par deux traits croisés, symbolisme en usage dans la première période de notre sainte dévotion.

Le rétable est formé par des colonnes et chapiteaux corinthiens en beau chêne Une image du Cœur de Marie en relief occupe le milieu ou la gloire de la corniche. Cette boiserie s'étend des deux côtés du chœur enveloppant les autels latéraux, dédiés l'un à la Sainte Vierge, l'autre à Sainte Anne.

l'aurore, pour y assister aux saints mystères. Nannette ne négligeait point son rôle de sentinelle vigilante. Dans la crainte que la moindre lumière ne vint à trahir la pieuse assemblée, elle ramassait alors les rideaux de serge en usage chez ses parents, et, avec l'aide de ses sœurs elle en garnissait toutes les fenêtres.

Plus tard, devenue fondatrice et supérieure générale de la Congrégation de Saint-Joseph-de-Cluny la V. M. Javouhey aimait à revivre les années si tourmentées de sa jeunesse. Elle lisait toujours avec un nouvel intérêt les historiens de la Révolution, « ce drame lugubre et sanglant entre tous. »

Son admiration allait constamment aux âmes qui avaient souffert la prison et l'exil et souvent payé de leur vie le seul crime d'être restées attachées à leur foi. Elle parlait volontiers aussi des familles qui, comme la sienne, n'avaient pas craint de s'exposer aux vexation des Jacobins pour offrir un asile aux prêtres fidèles, traqués de toutes parts. Combien elle s'estimait heureuse d'avoir été choisie, elle, jeune paysanne, pour leur rendre quelques services dans son village de Chamblanc ! Mais celui qui reçoit un prophète ne doit-il pas recevoir la même récompense que le prophète? (Matth. X. 42). Anne Javouhey en fit l'heureuse expérience. Elle trouva dans son zèle une source abondante de lumières et de grâces qui devaient la guider toute sa vie. Elle entendit en particulier cet appel d'en-haut qui allait bientôt lui ouvrir les voies de l'apostolat.

Les contemporains ont dit quelle bienveillance particulière reflétait son visage. A la douceur de ses traits, se joignaient une modestie et une distinction de manières qu'elle conserva jusqu'à la fin. Le frère de Mme Etienne Javouhey, attiré par ce gracieux ensemble, la demanda en mariage. Nous verrons bientôt la réponse qu'elle fit à ses parents. Cependant elle consentit à prendre part aux réjouissances habituelles d'une noce de famille ; mais ce ne fut que pour faire un adieu plus solennel aux divertissements de sa brillante jeunesse (1).

(1) Il existe plusieurs portraits en pied et, dit-on, très ressemblants de la V. Anne-Marie Javouhey. L'un est à Cluny dans l'antique salle de communauté ; l'autre, à Paris, à la Maison-Mère ; un autre encore à Limoux. Le plus célèbre est celui qui fut envoyé à Cayenne, après la mort de la V. Fondatrice. Ses chers noirs saluèrent la toile exposée à leurs yeux, ôtant leurs chapeaux, lui parlant, lui confiant toutes leurs affaires. Les petits enfants lui envoyaient force baisers et la priaient à genoux. Leurs parents firent si bien que le portrait destiné à Cayenne dut rester de force à Mana.

Les bustes de la Chère Mère qui furent modelés après sa mort rendent avec non moins de fidélité les traits augustes de la V. Fondatrice. Ils sont trop connus pour qu'il soit utile d'en faire la description. Quant aux gravures, elles se sont multipliées à l'infini, sous tous les formats. Celle qui est en tête de notre volume est une des mieux réussies.

CHAPITRE SECOND

Premiers essais de vie religieuse

Tout en se livrant aux œuvres de zèle, Anne Javouhey ne négligeait point ses devoirs d'état. Laborieuse et ardente, elle ne craignait pas sa peine et prenait bravement sa place au milieu des faneuses et des moissonneurs. Elle avait l'œil à tout ; la besogne semblait fondre entre ses doigts. Sans y prétendre et même sans y songer, elle dominait autour d'elle et devint insensiblement le bras droit de son père dans l'administration de son domaine. M. Javouhey était heureux, pour l'encourager, de lui procurer les parures les plus à la mode, mais Annette ne prêtait plus aucune attention à ces vanités. Son père lui causa une satisfaction plus vraie en lui permettant d'ériger dans un coin du jardin, à l'angle de la maison, un petit oratoire dédié à sainte Anne et mesurant à peine deux mètres carrés. C'est là que la jeune fille se rendait plusieurs fois par jour pour se recueillir et prier. M. Javouhey, impatient, disait parfois à Nannette qu'elle « aimait mieux prier en paix que de se fatiguer au travail ». Ce reproche lui était sensible, mais rien ne pouvait l'empêcher de suivre l'attrait de la grâce. Elle se sentit bientôt pressée de faire un pas en avant dans la voie où elle était entrée. La nuit du 11 novembre 1798, au 19e anniversaire de sa naissance, une cérémonie intime eut lieu au domicile de son frère aîné Etienne, entièrement gagné à sa cause. M. Javouhey lui-même avait donné son assentiment. M. Ballanche célébra les saints mystères. Au moment de la sainte communion, Anne, vêtue de blanc et portant la couronne des fiancées, s'avança au pied de l'autel et prononça, devant toute sa famille, l'engagement de se vouer au service des pauvres et des enfants. Des larmes perlèrent sur les joues de son père et de sa mère. Peut-être ne comprirent-ils pas de suite toute l'étendue de cette détermination. Mais leur fille n'y reviendra jamais ; elle dit pour jamais adieu aux vaines joies du monde. Si une voix amie, comme celle de sa mère par exemple, lui demandait la raison de son refus obstiné de se marier, elle répondait avec candeur et fermeté tout à la fois : « Il me semble que je suis destinée à faire un peu de bien ; c'est une trop belle vocation pour que j'y manque ; je ne veux être l'épouse que de Jésus-Christ. »

Cette résolution de Nannette, qui paraissait tout d'abord si peu en rapport avec son caractère enjoué, étonna ses parents, son père surtout. Il ne voulut pas en accepter toute la portée ; elle était cependant inébranlable. Non contente d'embrasser elle-même la voie d'un complet détachement, Anne Javouhey, qui avait reçu de Dieu un rare don de persuasion, y fera entrer la plupart de ses proches, ses trois sœurs, un de ses frères et jusqu'à ce même jeune homme qui avait aspiré à sa main.

Elle se mit incontinent à l'œuvre; émue de compassion à la vue des âmes privées des enseignements de la foi, elle entreprit de catéchiser les enfants et les jeunes gens qui grandissaient sans aucune culture religieuse. Secondée par ses sœurs, elle enseignait aux premiers les prières et les lettres ; elle s'adressait aux seconds pendant les foins et la moisson, leur posant des questions, leur rappelant ce qu'ils avaient appris jadis au catéchisme. Ces réunions se tenaient un peu partout, dans les granges, dans les champs, jusque dans les *fournils*.

Le maître de culture, M. Javouhey, quoique bon chrétien, tenait néanmoins à ses travaux ; il trouvait que l'on s'en dérangeait beaucoup trop. Aussi lui arriva-t-il plus d'une fois de disperser maîtresses et élèves et de « bouleverser les auditoires qu'il trouvait assis sur ses bottes de paille dans les fenils ou dans les cours ».

Faire la classe aux enfants, leur enseigner les vérités de la foi, rien de mieux sans doute, et le bon M. Javouhey était même secrètement « flatté des succès de sa fille et fier de son éloquence ». Mais de telles entreprises, où pouvaient-elles aboutir ? Elles ne menaient à rien ; les temps où l'on vivait étaient-ils propres à favoriser de semblables aspirations ? Voilà ce que se disaient les parents de Nannette, et ils ajoutaient que leur fille leur causait beaucoup de chagrin. — Tu veux enseigner, objectait le papa Javouhey à l'intrépide institutrice, tu devrais commencer par apprendre ! tu veux commander, mais tu ne sais pas obéir ! »

Nannette sentait ce qu'il y avait de fondé dans ces reproches railleurs et, tout en s'humiliant au milieu des contradictions de son père, elle s'arrangeait de son mieux pour continuer ses classes ; elle prolongeait ses prières et demandait à Dieu le moyen de suivre sa vocation. M. Javouhey opposa de nouveaux refus aux projets de sa fille ; on raconte même qu'après avoir mis en fuite, un beau jour, les élèves de Nannette, il emporta les poids de l'horloge que celle-ci avait achetée pour régler les exercices de la journée, car le silence était gardé jusque dans les travaux des champs et l'on cherchait à imiter les usages de la vie religieuse à la maison. L'horloge (conservée religieusement) qui en marquait les points principaux, provenait de la vente qu'avait faite la jeune fille de ses bijoux, désormais oubliés et dédaignés. L'ancienne Nannette s'applique de toute son âme à son apostolat auprès des enfants. Ceux-ci lui ont voué la plus affectueuse reconnaissance ; dociles à son appel, ils accourent joyeux et de plus en plus nombreux ; elle est leur mère, et combien dévouée !

L'ancien curé de Chamblanc pourra revenir de son exil et il trouvera, en 1800, la paroisse en pleine ferveur.

Cependant les essais de communauté qu'Annette organise avec ses sœurs et d'autres jeunes filles, dans la maison paternelle, ne suffisent plus à ses aspirations à la vie parfaite. Au mois de septembre 1800, elle entra au noviciat des sœurs de la Charité à Besançon, pieuse communauté qu'un ancien jésuite, M. Bacotte, avait réussi à reconstituer avec Mme Thouret et ses compagnes. Toute à son devoir, la future fondatrice de St-Joseph de Cluny ne peut fermer l'oreille de son âme à la voix intime d'une autre vocation. Elle vit un matin sa cellule remplie de petits enfants qui l'appelaient : « Ma Chère Mère ». Il y en avait de blancs, de noirs, de jaunes, de mulâtres, et elle qui ne connaissait encore que le teint de ses compatriotes les regardait avec une émotion mêlée de surprise, quand une voix lui dit très distinctement : « Je suis sainte Thérèse ; ces enfants je te les donne et je protégerai ton ordre. »

Sur l'avis de son directeur, Mlle Javouhey quitta Besançon où son nom vit encore. Mais l'attrait qui la presse est irrésistible. M. Ballanche habitait toujours Seurre; d'après son conseil, Annette ouvre dans cette petite ville une école qui se compléta par une annexe à Jallanges. M. Javouhey fit les frais de cette double installation. Elle fut bientôt insuffisante, la future fondatrice parcourt les villages voisins ; les petits, les pauvres se jettent entre ses bras ; un jour, elle se fit suivre de six orphelins. — Comment les nourrirons-nous, lui objectent ses sœurs ? — Dieu y pourvoira, fut sa seule réponse. Le curé de Seurre offrit aux enfants *six* liards pour acheter des cerises, mais il fallut se procurer un peu de sel pour la cuisine qui en était totalement dépourvue. C'est la première aumône qu'Anne et ses sœurs aient reçue.

En 1805, Mgr de Fontanges, évêque d'Autun, qu'elle sollicitait pour obtenir l'autorisation d'ouvrir une école à Chalon, ne la croyant pas riche et n'étant pas lui-même en fonds, lui donna la seconde, dix francs. La pieuse jeune fille aimait à s'abandonner à la divine Providence ; les soucis matériels ne troublèrent jamais sa marche en avant ; elle avait du reste la prétention de gagner sa vie : « Travaillons ! dira-t-elle plus tard à ses religieuses, travaillons et qu'on ne puisse pas nous accuser d'être inutiles ou à charge à la société. »

A la pauvreté se joignirent des critiques malveillantes de quelques personnes et des difficultés de famille. Melle Javouhey s'éloigna de nouveau de Chamblanc; son père s'opposant au départ de ses autres filles qui voulaient la suivre, elle partit seule pour Dôle, presque à la dérobée, à la nuit tombante (1802).

C'est versce temps qu'elle entra en relation avec le célèbre abbé de la Trappe, dom de l'Estrange, le fondateur du monastère de La Val-Sainte, en Suisse. Sur son indication elle se rendit au couvent des Trappistines de la Sainte-Volonté de Dieu, à Riédra. Mais au moment où elle allait prendre ses premiers engagements dans l'ordre de Citeaux, dom de l'Estrange lui déclara qu'elle avait une autre mission à remplir. Elle serait un jour, pensait il, son auxiliaire pour un tiers-ordre enseignant qu'il voulait fonder. De la Trappe elle garda la belle devise qui sera celle de toutes ses filles : « La sainte Volonté de Dieu », et le grand scapulaire noir des Cisterciennes. Dom de l'Estrange, pour mettre ses projets à exécution, envoya Anne Javouhey à Souvans, près de Dôle, tenir avec une sous-maîtresse une école qui devint bientôt, comme celle de Seurre, un orphelinat ouvert à tous les malheureux. En peu de temps la situation est des plus critiques ; la pauvre directrice n'a plus un sou ; elle se rend à l'église et épanche son âme dans la prière. On dit que n'y tenant plus, elle alla frapper à la porte du tabernacle afin d'implorer pour ses orphelines le pain du jour. Une voix lui répondit de l'intérieur : « T'ai-je manqué jusqu'ici ? » Au même moment arrive une voiture chargée de pain cuit la veille et d'autres provisions. M. Javouhey en descend avec un de ses fils. — Ma fille, lui dit-il, le bon Dieu ne veut pas que je vous abandonne, puisque contrairement à mes résolutions, je viens encore à votre secours. Vos frères et sœurs ne veulent pas que je m'inquiète d'eux, demandant tous que je m'occupe de vous (1).

Malgré cette précieuse assurance, Anne-Marie ne put se maintenir à Souvans. Elle installa son école à Choisey, toujours dans la banlieue de Dôle. Sa sœur Claudine obtint de son père de la rejoindre, et trois autres jeunes filles vinrent également se former près d'elle à la vie de communauté. M. Javouhey se servit du crédit de dom de l'Estrange et du curé de Choisey pour décider Anne-Marie à revenir à Chamblanc. Tel était aussi l'avis de son confesseur, M. l'abbé d'Aubonne, vicaire de Dôle, qui entra peu après dans la Compagnie de Jésus et que nous retrouverons à Autun. L'excellent M. Javou-

(1) « Jamais fatiguée, jamais lassée, ferme toujours, car Dieu la soutient... Jamais tentée de vaine gloire, parce qu'elle sait qu'elle fait la volonté de Dieu... El e n'oublie pas sa condition d'instrument.

« Vaguement soutenue par des volontés chancelantes, contredite par des hommes de poids elle (la V. M. Javouhey) aura pour points d'appui sa foi, sa vocation et son zèle... » Mgr. DADOLLE.

hey se hâta d'aller lui-même à Choisey ; il en ramena non seulement ses filles mais encore leurs compagnes et les orphelines qu'elles avaient recueillies. Il répondait à ses voisins étonnés : « Ce sont les enfants que Dieu a données à ma fille, elle sera leur mère et moi leur protecteur. » Il fit ensuite construire, selon sa promesse, en face de sa maison d'habitation un bâtiment destiné à servir d'école et aux pieuses réunions de jeunes filles. Il permit à Pierrette et à Marie, ses autres filles, de rejoindre leur aînée. C'est donc à Chamblanc, sous le toit paternel, qu'Anne Javouhey posa les premières assises de son Institut. Ses premières filles en religion furent ses trois sœurs plus jeunes qu'elle ; son père et ses frères, ses seuls protecteurs. Bien que l'on eût résolu de dissimuler toute idée de vie religieuse, le nouveau bâtiment (1) fut bientôt appelé le *couvent*, et le nom lui en a été conservé jusqu'à ce jour. Ainsi, tout en maugréant, le brave M. Javouhey aidait sa fille, compatissait à sa pauvreté car les classes étaient gratuites. Nannette ne pouvait s'empêcher de recevoir des orphelines : « C'est tout mon plaisir ! disait-elle. »

Il est superflu de dire d'où venait à la future fondatrice l'attrait irrésistible qui la poussait à toutes ces saintes entreprises. Dieu lui-même guidait ses pas dans la voie du dévouement et de la charité. C'est une tradition dans l'Institut de Saint-Joseph de Cluny que la V. M. Javouhey, tandis qu'elle priait aux pieds de sa patronne, dans son petit oratoire, fut favorisée de grâces extraordinaires et même de visions.

La Sainte Vierge lui apparut plusieurs fois au dire de ses premières compagnes ; c'est elle qui lui aurait inspiré la résolution de se consacrer à son divin Fils , le

(1) C'est une maison très simple située sur le bord de la route et ornée d'une petite statue de la Sainte Vierge. De grands marronniers plantés peut-être par Mlle Javouhey, ombragent agréablement la cour intérieure.

11 novembre 1798, pour le service des malheureux et des enfants pauvres.

M. Gally, chanoine d'Autun, écrivit le 19 mai 1856, à la R. M. Rosalie qui avait remplacé sa sœur dans le gouvernement de la famille de Saint-Joseph de Cluny : « Le berceau de votre Congrégation n'a été ni Autun ni Chalon mais Chamblanc. Déjà vous viviez sous l'empire d'un règlement dans la maison paternelle.... » et rappelant les démarches d'Anne auprès de Mgr de Fontanges en 1806, dont nous allons parler bientôt, il ajoute : « Je lui (au prélat) dis aussi que la Sainte Vierge s'était montrée à votre sœur ; j'entrai auprès de Monseigneur dans beaucoup de détails au sujet de ces révélations. »

La V. Anne-Marie apprit elle-même plus tard à une de ses filles qu'elle avait reçu des grâces extraordinaires du Ciel pendant qu'elle priait non loin de son oratoire, sous un arbre au milieu du jardin (1). Questionnée un jour sur l'apparition de la Sainte Vierge, elle répondit comme pour se tirer d'affaire : « Non, non, je l'ai dit assez, » ou encore : « On le connaît assez. »

(1) — C'est pour perpétuer ces précieux souvenirs qu'en 1853, deux ans après la mort de la V. M. Fondatrice, sa sœur, la R. M. Rosalie fit élever une pieuse chapelle sur l'emplacement de l'ancien oratoire, où l'on a conservé la statue bénie avec l'inscription ; *Deus mirabilia fecit*, qui était à elle seule une prophétie.

Cérémonie de Profession des premières Sœurs de Saint-Joseph, a Chalon, le 12 mai 1807.

CHAPITRE III

Fondation de l'Institut

Cette année 1805 devait être une date mémorable dans l'Institut naissant. Au mois d'avril, Pie VII, revenant de Paris où il était allé sacrer Napoléon Bonaparte, s'arrêtait à Chalon pour y passer les fêtes de Pâques. La police impériale, déjà soupçonneuse et tracassière, avait prescrit cet arrêt au Souverain Pontife, afin de couper court à des manifestations enthousiastes dont elle redoutait l'explosion. Lorsqu'il s'était rendu à Paris l'hiver précédent, le Pape, selon sa propre expression, avait traversé la France à genoux ; on voulait forcer les populations à s'abstenir, à son retour, en le dérobant à tous les regards.

Mais les calculs des politiques furent aussitôt déjoués. La nouvelle que le Pape devait séjourner à Chalon pendant la semaine sainte, se répandit en un instant de tous les côtés et une foule énorme afflua vers la ville de saint Gontran.

Anne Javouhey et ses sœurs furent du nombre des fidèles accourus à Chalon pour contempler les traits augustes du Souverain Pontife et recevoir sa bénédiction. Toutes les quatre eurent la faveur de communier de sa main dans l'église St-Pierre et, ce qui mit le comble à leur bonheur, elles lui furent présentées dans leur modeste costume de paysanne bourguignonne : robe bleue et bonnet blanc tuyauté à double garniture. Pie VII les accueillit avec bonté, échangea avec elles des paroles bienveillantes au sujet de leur projet, les encouragea par sa bénédiction et, dit-on, par des paroles prophétiques, à en poursuivre la réalisation (1).

Les obstacles n'avaient pas manqué jusqu'à ce jour, ils s'accrurent encore ; plus le but poursuivi semblait rapproché, plus les difficultés devenaient considérables. L'évêché de Dijon, dont Chamblanc relevait depuis le Concordat, était occupé par un des prélats constitutionnels « qui paraissait n'avoir abjuré le schisme que des lèvres », Mgr Raymond, lequel n'apportait pas grande ardeur à faire revivre les institutions ruinées par la Révolution. Il ne répondit même pas à l'humble supplique que lui avaient adressée Anne Javouhey et ses sœurs. Les futures fondatrices eurent alors recours à l'Evêque d'Autun, Mgr de Fontanges, autrefois archevêque de Toulouse. Ce prélat était plein de piété, de zèle et de charité ; il autorisa un établissement à Chalon, sur la paroisse St-Pierre.

Le vénérable pasteur qui avait la charge des âmes dans cette grande paroisse, formée des débris des anciennes paroisses St-Jean-de-Maizel et St-Georges, était M. Ollivier. Il accueillit très volontiers la proposition qui lui fut faite et encouragea même plusieurs jeunes filles de la ville à se réunir aux demoiselles Javouhey. Celles-ci quittèrent donc Chamblanc et vinrent s'installer à Chalon, où l'on peut, à juste titre, pla-

(1) C'est également pendant le passage de Pie VII à Lyon que Mme Barat sollicita une audience où le vicaire de Jésus-Christ entendit pour la première fois parler de l'Institut du Sacré-Cœur.

cer la fondation de l'Institut de Saint-Joseph de Cluny.

Quelques difficultés s'étant élevées au sujet de l'organisation intérieure de sa petite communauté, Mlle Javouhey pour tirer toutes choses au net, résolut d'aller trouver elle-même Mgr de Fontanges à Autun. La tradition rapporte qu'elle fit la route à pied, n'ayant qu'un morceau de pain dans sa poche pour toute provision. Le prélat fut si charmé de son air simple et convaincu, des éclairs de foi et d'amour divin qui semblaient jaillir de son âme, qu'il la pressa de se mettre résolument à l'œuvre. Il lui demanda les règles de la future Congrégation ; mais Anne, prise au dépourvu, dut recueillir ses souvenirs et résuma les points principaux des Constitutions du tiers-ordre de la Trappe qu'elle croyait toujours fonder sous la direction de dom de l'Estrange. Elle passa quelques jours à Autun pour faire ce travail que l'évêque approuva, puis revint à Chalon, afin de commencer les classes. On était dans le courant d'octobre 1805 ; les quatre demoiselles Javouhey et leurs coopératrices s'installèrent au quartier de la Citadelle, rue de l'Obélisque.

M. Royer, maire de la ville, ne pouvait qu'accueillir favorablement des institutrices aussi dévouées, qui ne réclamaient aucune rétribution scolaire. C'est pourquoi il leur fournit les rayons, les tables et les bancs nécessaires et cinquante lits en bois destinés aux orphelines.

Les élèves se présentèrent en si grand nombre que la première installation devint insuffisante. Alors M. Royer mit à la disposition des demoiselles Javouhey, pour la classe des plus jeunes enfants, la sacristie de l'ancien grand séminaire de Chalon, qui portait toujours le nom de l'*Oratoire*. Le succès justifia la confiance que le digne magistrat avait mise dans le zèle d'Anne Javouhey et dans celui de ses sous-maîtresses, pour l'instruction et la moralisation des classes populaires.

« On a frémi, lisons-nous dans un rapport de la commission municipale des écoles, on a frémi à la vue de l'abîme creusé sous nos pas et dans lequel la jeunesse, espoir de la nation, courait s'engloutir... Un établissement donc qui procurerait aux enfants les lumières nécessaires dans l'état qu'ils doivent exercer un jour, qui formerait leur âme à la vertu et à la religion, mère de toutes les vertus, qui leur inspirerait, dès leurs tendres années, l'amour du travail, un tel établissement serait le présent le plus beau et le plus utile que des administrateurs, amis de la félicité publique, pourraient faire à leur patrie. »

Or, cet idéal se trouvait précisément réalisé par les nobles conceptions d'Anne Javouhey et les efforts de ses associées. C'est ce que constate un compte rendu officiel, du 6 juillet 1806. Il y est dit « que l'établissement (tenté depuis un an dans cette ville) surpasse tout le bien dont ces écoles sont susceptibles, par le nombre des personnes qui s'y consacrent, le sacrifice qu'elles font de leur propre fortune, l'intelligence, la douceur, la patience qu'elles y apportent, le degré d'instruction morale qu'elles donnent aux enfants... »

Après mûre délibération, le conseil municipal vota une allocation de mille écus par an et accorda aux sœurs Javouhey une partie de l'ancien couvent des Carmes (aujourd'hui l'Hôtel de ville) afin d'y établir une filature pour les orphelines.

On ne tarda pas non plus à avoir des pensionnaires et des demi-pensionnaires. C'est alors que la pieuse Anne songea à posséder une chapelle dans la maison ; la pièce la plus convenable de l'établissement reçut cette destination. Quand tout fut prêt, on prit jour avec le curé de St-Pierre pour la bénédiction. Il se trouva que c'était celui même de la fête de Saint Bernard (20 août

1806). Ce nom rappelait à Mlle Javouhey les souvenirs de la Trappe et les liens qu'elle y conservait. Il lui sembla qu'elle ferait bien de mettre la chapelle sous ce vocable. Le curé de St-Pierre fit des objections. — Pourquoi Saint Bernard ? disait-il. — Pourquoi pas Saint Joseph ? Sainte Thérèse avait mis sa première fondation sous le patronage de ce grand saint ?

Voilà comment la nouvelle congrégation reçut le titre glorieux qu'elle porte avec une légitime fierté. Anne Javouhey, le 20 août 1806, croyait qu'il ne s'agissait que du vocable de son humble oratoire, dans le fait elle baptisait son Institut. N'est-ce pas ainsi qu'autrefois les ordres religieux tirèrent leur nom de celui de leur église ou de leur premier monastère ? L'usage fit également, que l'on désigna à Chalon les nouvelles maîtresses d'école du titre de leur chapelle, et avant qu'elles eussent prononcé leurs vœux de religion, on les appelait communément *Sœurs de Saint-Joseph*. Aucune d'elles n'eût voulu repousser ce nom qui du reste remplissait tous les désirs de la fondatrice, mais auquel, selon la remarque de ses historiens, elle n'avait pas songé elle-même.

Jusqu'à ce jour, Anne Javouhey et ses sœurs avaient comme enveloppé de mystère le but religieux qu'elles poursuivaient. La France ne faisait encore que remonter lentement la pente de l'abîme creusé par la Révolution ; l'idée d'une Congrégation nouvelle aurait pu paraître prématurée et susciter au début des défiances et des oppositions pénibles. Mais, en 1806, le voile était tombé. Chacun se demandait à quoi pouvait aspirer les demoiselles Javouhey qui eussent pu vivre tranquilles sous le toit paternel et leurs coopératrices, toutes de condition aisée, sinon à la vie religieuse, objet secret de toutes leurs aspirations. Le costume modeste qu'elles portaient ne préludait-il pas déjà à une vêture que tout le monde pressentait ?

Elle eut lieu effectivement le 12 mai 1807, dans cette église de Saint-Pierre, bâtie par les enfants de saint Benoît, et qui tant de fois avait entendu leurs serments sacrés ! Deux ans auparavant, Anne Javouhey et ses trois sœurs, Pierrette, Marie et Claudine y avaient communié des mains de Pie VII. Les bénédictions du Pontife avaient porté leur fruit. Le nouvel évêque d'Autun, Mgr Imberties, qui venait de succéder à Mgr de Fontanges, présida la pieuse cérémonie, à laquelle tout le monde à Chalon, prêtres, fidèles, autorités civiles, voulut prendre part. N'était-elle pas une véritable résurrection des temps anciens ? Les quatre sœurs Javouhey firent les vœux ordinaires de pauvreté, de chasteté et d'obéissance, auxquels elles ajoutèrent un quatrième engagement, celui de se vouer à l'éducation chrétienne de la jeunesse. Le prélat bénit ensuite les vêtements religieux de ces nouvelles épouses de Jésus-Christ, et elles allèrent s'en revêtir à la sacristie, puis elles revinrent au sanctuaire, portant le saint habit de l'état religieux et y reçurent la consécration des Vierges.

Voici la description du costume que les nouvelles religieuses adoptèrent dès le premier jour et qui est resté le même : la robe bleue leur rappelle la patrie céleste ; la guimpe blanche devint pour elles, aussi bien que le bandeau dont leur front est ceint, le symbole de l'innocence d'une vie toute consacrée à Dieu ; un long voile noir dit que le monde n'est plus rien pour elles et qu'elles sont mortes elles-mêmes au monde ; le scapulaire qui recouvre leur robe d'azur les désigne comme enfants de Marie, et le chapelet tombant à leur côté indique que la prière doit sans cesse monter de leur cœur à leurs lèvres. Le crucifix qui fut ajouté plus tard en même temps que la pèlerine noire porte avec soi son symbolisme expressif, il est la seule parure que la Sœur de Saint-Joseph de Cluny ait voulu conserver.

La cérémonie du 12 mai 1807 impressionna vivement la population de Chalon qui en garda longtemps le souvenir. Elle se termina par un acte destiné à compléter l'organisation du nouvel Institut : l'élection canonique de la supérieure générale. A l'unanimité Sœur Anne-Marie fut désignée pour cette charge qui semblait lui revenir de droit, mais qu'elle eut été heureuse de voir confier à une autre.

Ce choix fait et ratifié par Mgr l'Évêque, on procéda à la nomination des titulaires aux emplois de la maison. La M. Marie-Thérèse fut désignée pour prieure en même temps que célérière ou économe ; la M. Marie-Joseph pour maîtresse des novices. Citons à ce propos le jugement que formulait l'humble fondatrice en se comparant à ses trois sœurs : « La chère Mère Marie-Thérèse a toute la sainteté ; la chère Mère Marie-Joseph toute la bonté ; la chère Mère Rosalie, tout l'esprit, et moi je n'ai rien. »

Le même jour que ses sœurs, Pierre Javouhey et son associé Jean Rougeat reçurent l'habit brun que devaient porter les Frères-artisans de Saint Joseph. Mais cette branche de l'Institut disparut, au bout de quelques années, pour ne laisser subsister que la Congrégation des Sœurs qui ira se développant de plus en plus par une protection spéciale de Dieu.

Les cinq premières compagnes des RR. MM. Fondatrices furent les Sœurs Scholastique, Thèrèse, Euphrosine, Anne-Marie et Hélène. Parmi elles se trouvaient deux Sœurs converses dont le ministère fut et sera toujours si utile aux religieuses institutrices et hospitalières. Leur costume diffère peu de celui des Sœurs de chœur. La robe est de même couleur ; leur voile moins long recouvre une cornette blanche. Elles portent en plus un tablier et un fichu en laine noire.

Le 6 juin 1807 était dans le diocèse d'Autun, la fête du Sacré-Cœur. La jeune supérieure et ses filles se consacrèrent à ce divin Cœur et lui confièrent leurs œuvres présentes et futures. L'avenir dira bientôt si leurs espérances étaient vaines. Au petit groupe des professes vinrent se joindre peu à peu quelques novices et des postulantes. La R. Mère chercha de bonne heure à leur inspirer l'esprit propre du nouvel Institut : l'amour de la simplicité et de l'humilité, mais surtout la pratique de l'abnégation et du sacrifice qui se traduisait dans la belle devise : « La sainte Volonté de Dieu ».

Rien n'était plus agréable à l'ancienne Nannette que de voir autour d'elle des physionomies ouvertes et des visages épanouis. Elle désirait pour ses filles cette bonne rondeur, cette franche et pieuse gaieté qui sont bien en effet le partage des âmes détachées de tout et qui ont fait à Dieu le don absolu d'elles-mêmes.

CHAPITRE IV

Premiers établissements — Cluny.

Le souci et le tracas que se donnait la R. Mère pour l'installation de sa communauté à Chalon et pour de nouvelles fondations qui se succédèrent rapidement, ne laissaient pas d'être pris en mauvaise part par quelques personnes et même par son père. Ses désirs et ses entreprises allaient un peu partout et elle était prompte à saisir les occasions ; elle ne craignait pas de se mettre en route : « C'était toujours la Nannette du temps de la Terreur qui arpentait les chemins et les bois pour découvrir ou avertir un prêtre. »

En la voyant se rendre deci et delà, de Chalon à Autun M. Javouhey, de plus en plus inquiet des allures entreprenantes de sa fille, lui avait dit un jour : — Tu finiras bien par aller à Paris !

Aller à Paris en ce temps où les moyens de transport n'étaient pas faciles, c'était toute une affaire. La V. M. Javouhey ne recula pas devant la difficulté. Elle se rendit à Paris, dans le courant d'octobre 1807, pour solliciter du puissant empereur, sinon la propriété, du moins la jouissance des bâtiments de l'ancien grand séminaire d'Autun qui restaient inoccupés et tombaient en ruine. Dès son premier voyage à Autun, en 1805, Nannette, à la vue de ces magnifiques constructions n'avait pu retenir un cri de convoitise : — « Qelles belles écoles on pourrait faire ! » Napoléon ne résista pas à ces supplications (1), et l'ancien séminaire allait être transformé, pour quelques années en école primaire et industrielle, sous la direction des Sœurs de Saint-Joseph.

Mgr Imberties qui venait de procéder à l'érection canonique du nouvel Institut, prêta tout son concours à sa diffusion. Ce prélat, ancien membre de la Compagnie de Jésus, fut heureux de posséder à Autun le noviciat qui ne tarda pas à compter un certain nombre de jeunes aspirantes, et d'établir les premières maisons dans son diocèse, à Rully et à Couches. Il écrivit, le 12 novembre 1807, au ministre Portalis, pour hâter l'entrée en jouissance du séminaire d'Autun. La maison était dans un tel état de délabrement qu'il fallut entreprendre de suite de grands travaux pour la rendre habitable.

La V. Mère installa tout d'abord, dans l'ancienne crypte, les métiers à tisser la soie qui eurent le plus légitime succès ; au fur et à mesure que les salles du rez-de-chaussée étaient appropriées, la mère supérieure y organisait des classes pour les petites filles et même un pensionnat pour les plus grandes. Toutefois, l'aile gauche, dite l'évêché, fut réservée à l'école de jeunes garçons que dirigea M. Bernard, parent de la R. M. Javouhey et ancien novice de la Val-Sainte.

De son côté, M. Ballanche dont la présence n'était plus nécessaire à Seurre avait, à force de sacrifices, réuni dans une petite maison de la ville, quelques étudiants ecclésiastiques qui furent le noyau du petit séminaire installé, en 1813, dans les splendides bâtiments construits par Mgr de Roquette, au XVIIe siècle.

(1). — J'ai entendu raconter, dit une des premières filles de la R. Mère Javouhey, que quand Napoléon Ier eut donné la jouissance du séminaire d'Autun à notre vénérée Mère, les habitants de la ville en étaient peu contents et regardaient cette humble Mère comme une ambitieuse. Un jour donc qu'elle était dans la diligence, allant voir ses filles à Autun, deux messieurs, qui ne la connaissaient pas, lui donnèrent confidentiellement le conseil d'être en garde contre la Mère générale, disant qu'il était impossible que ses intrigues pussent réussir.

Mais c'est à la R. M. Javouhey que revient la gloire d'avoir su le tirer des ruines que la Révolution y avait accumulées. Elle dut y consacrer une grosse somme que le maire d'Autun ne réussit pas à faire inscrire au budget du département. M. Javouhey en fut informé et selon son habitude, prit à son compte tous les mémoires des ouvriers qui avaient travaillé sur les ordres de sa fille.

La fondation d'Autun devint en peu de temps très florissante. Du noviciat que Mgr Imberties avait béni sortirent, comme d'une ruche féconde, de nombreux essaims mystiques qui s'établirent dans les diocèses de Dijon, de Besançon (Seurre, Salins, Ornas, Foncine-le-Haut), et bientôt de Meaux.

Un pieux souvenir nous est resté de ces années si fécondes en fruits de grâce : la fête de Sainte Thérèse, le 15 octobre 1808, célébrée solennellement à la chapelle du séminaire d'Autun. Mgr Imberties y offrit le divin sacrifice après seize ans d'interruption. M. d'Aubonne, le directeur d'Anne-Marie Javouhey et de ses compagnes pendant leur séjour à Dôle, fit un éloquent panégyrique de la grande réformatrice du Carmel qui voulait être aussi la protectrice de la nouvelle Congrégation. A la fin de cette année, la communauté de Chalon quitta la maison de la Citadelle qu'elle occupait depuis 1805 et s'installa dans les bâtiments de la place de Beaune, contigus à l'ancienne porte de ce nom.

Lorsque la V. M. Javouhey se vit obligée d'abandonner le séminaire d'Autun, on lui avait fait espérer qu'elle recevrait en dédommagement l'ancien couvent des Cordeliers. Vaine promesse ! La communauté naissante des Sœurs de Saint-Joseph trouva un refuge près de l'ancien monastère de la Visitation (1), transformé lui

(1) — Ce couvent cédé en 1822 aux Dames du Sacré-Cœur, puis vendu aux Oblats de Marie en 1862, est devenu en 1884, le petit séminaire actuel.

aussi en caserne à l'usage des prisonniers de guerre, dans une pauvre maison de cette même rue aux Rats qui devait être une seconde fois leur asile à l'époque de la désaffectation du petit séminaire d'Autun en 1884.

Le zèle de la jeune supérieure ne se ralentit en rien. Ses filles se répandirent dans les quartiers les plus pauvres pour y continuer leurs œuvres de charité entreprises depuis 1805. Mais avant d'évacuer les bâtiments du séminaire, la V. Mère Javouhey donna, à Autun, de grands exemples de dévouement. Elle avait transformé le réfectoire en salle d'ambulance pour les malheureux soldats espagnols atteints du typhus ; elle se dépensa tout entière à leur soulagement, veillant le jour et la nuit à ce que rien ne leur manquât, faisant les lits, assistant les mourants, ensevelissant les morts. A la fin, elle fut atteinte elle-même et en un instant elle se trouva aux bords du tombeau. Seule, la prière de ses filles alarmées put l'arracher aux étreintes de la mort. Mme Javouhey se remit, il est vrai, mais ce fut pour se dévouer à d'autres infortunes. Des prisonniers autrichiens lui arrivent dans un état lamentable ; ils tombent d'inanition ! La communauté n'a plus ni pain, ni vin, ni argent pour en acheter ; des pommes de terre destinées à être plantées le lendemain sont aussitôt apprêtées et servies aux pauvres faméliques, et, afin de pouvoir compléter le repas par quelques douceurs, la V. Mère n'hésite pas à mettre en gage chez le fournisseur la montre à réveil dont son père lui a fait présent et qui marquait les exercices de la maison.

Presque au même moment, les *Papiers Nouvelles* annoncèrent que le couvent des Récollets à Cluny était mis en vente. Le citoyen Roberjot s'était rendu acquéreur de ce bien d'Eglise, le 25 thermidor, an IV, après que la commune de Cluny eut en vain tenté de l'acheter pour y installer « l'Hôtel de ville, le collège et les petites écoles. » Les biens nationaux semblaient fondre entre les mains de leurs possesseurs. Quand la V. Anne-Marie Javouhey eut connaissance de la prochaine adjudication, elle pria son père d'acheter, pour ses sœurs et pour elle, ces bâtiments qui deviendraient la portion de leur héritage. M. Javouhey répond qu'il se rendra les premiers jours de mars, de Chamblanc à Chalon, et qu'il fera avec ses quatre filles, le trajet de Chalon à Cluny.

Le modeste attelage s'arrêta devant une auberge de la rue St-Marcel. La jeune supérieure et ses sœurs se firent indiquer de suite le couvent toujours nommé les *Récollets*. Leur costume noir et bleu avait attiré l'attention des habitants (1) et plusieurs personnes s'offrirent à les accompagner jusqu'au *Fouëtin*, agréable promenade tracée en partie sur les possessions de Monsieur Fouët de Conflans, et d'où le regard plonge sur l'enclos et les bâtiments des ci-devant. Une tradition rapporte que les quatre religieuses s'agenouillèrent devant un des bancs de pierre de la promenade et qu'elles conjurèrent Saint Joseph de leur être secourable en cette heure décisive pour l'avenir de la nouvelle Congrégation.

Les pourparlers entre M. Javouhey et le citoyen Roberjot ne traînèrent pas en longueur et furent clos le

(1) Lorsque les filles de la V. Mère Javouhey furent appelées aux colonies, elles excitèrent partout sur leur passage une attention bienveillante par la modestie et la dignité de leur costume. La R. M. Rosalie, partant pour le Sénégal en 1819, en fit elle-même la remarque sur le chemin de Paris à Rochefort. « Nous avons eu, écrit-elle, la confusion de faire relever deux braves paysannes qui nous priaient à genoux, croyant sans doute que nous étions la Sainte Vierge... Personne ne reste en place dès qu'on nous aperçoit et nous sommes déjà loin qu'on nous suit encore... »

A Ténériffe, une des îles Canaries, où le navire fit relâche, comme plus tard à Rio de Janeiro, l'apparition des religieuses françaises attira au plus haut point l'admiration des indigènes : .. « nos costumes, nos chapelets, dit encore la R. M. Rosalie, charmaient ces pauvres gens, qui n'avaient jamais vu de religieuses. L'étonnement et le plaisir épanouissaient leurs figures, et ils nous formaient une escorte nombreuse qui se renouvelait dans toutes les rues et partout. »

19 mars. Par acte du 29 mai 1812, passé devant Me Poncet notaire à Cluny, Jean Roberjot vendit à Balthazar Javouhey de Chamblanc, les immeubles désignés « tel que le tout s'étend et comporte sans aucune réserve et que le sieur vendeur l'a acquis de l'administration du district de Mâcon ».

Le bruit se répandit très vite à Cluny de l'arrivée prochaine des nouvelles religieuses dont la tenue, si digne et si modeste, avait causé dans la ville une grande édification. Aussi leur installation à l'ancien couvent franciscain, qui se fit le 24 juin suivant, « eut-elle lieu avec une certaine solennité ». Désormais le vocable de la jeune Congrégation se complètera par le nom de Cluny.

Il semble vraiment que cette petite ville est destinée à être un chef-lieu d'ordre. C'est une terre monastique par excellence. Le grand arbre bénédictin, planté sur ce sol par les Mayeul, les Odilon et les Hugues, venait de tomber, entraînant dans sa chute la gloire et la prospérité de Cluny. Quelques années se passent et l'on voit provigner autour de son tronc séculaire de nouvelles tiges qui ne tarderont pas à se couvrir de fleurs et de fruits. La renommée du jeune Institut, en effet, devait sous peu égaler presque celle de l'antique abbaye et ajouter au nom de Cluny un nouveau lustre. Les bâtiments qui en devenaient la Maison-Mère dominent au midi ce paysage d'une beauté grandiose, lequel encadrait magnifiquement au nord-est le monastère bénédictin et sa splendide église.

Le dernier des cinq clochers, qui portaient au ciel la pensée et les supplications des pieux cénobites, est encore debout. Les autres venaient de tomber sous la mine de stupides iconoclastes, lorsque la V. Anne-Marie Javouhey et ses sœurs vinrent à Cluny. L'abside merveilleuse qui semblait sortir de terre au milieu de ses neuf chapelles rayonnantes allait bientôt disparaître ; déjà le célèbre *promenoir des anges* n'est plus qu'un monceau de ruines ; les colonnes de marbre monolytes, qui supportent la voûte ovoïde chargée d'éclatantes peintures, sont ébranlées. Leur chute entraîna celle des transepts, puis celle des collatéraux et enfin de l'édifice tout entier.

En entrant à Cluny par la route de Chalon, M. Javouhey constata que l'aspect grandiose que présentait naguère l'abbaye de ce côté, avait fait place, dans l'horizon de la ville, à un vide immense que rien depuis n'est venu combler.

C'est sur la colline Saint-Odile, au midi, que nous devons désormais porter nos regards. Heureusement, l'ex-couvent des Récollets n'était pas tombé aux mains rapaces de la bande noire. En s'y installant, la pieuse fondatrice de Saint-Joseph de Cluny se montra de suite la digne héritière des abbés, par les secours incessants qu'elle fit distribuer aux pauvres.

Dès l'année 1812, les Sœurs de Saint-Joseph ouvrirent, en faveur des familles indigentes, un externat gratuit. La municipalité n'eut d'autre charge que de faire approprier à sa nouvelle destination le local offert par la dévouée Mère Supérieure, et fort bien aménagé. Quand, en 1903, l'intolérance des sectaires eut interdit aux religieuses l'enseignement public, il comptait 91 années d'existence. On peut dire qu'il a donné l'éducation chrétienne à toutes les mères de famille de Cluny pendant le XIXe siècle.

Un pensionnat de plein exercice fut ouvert dès 1815 dans l'enceinte même du *Paraclet* (1) et dans les bâtiments adjacents. Les premières élèves de cette maison racontaient volontiers qu'au début tout était si pauvre que chacune d'elles était obligée d'apporter son lit,

(1) C'est le nom donné au cloître intérieur du couvent.

sa chaise, mais que la joie et le bon esprit qui y régnaient faisaient aisément oublier cette petite gêne.

A son retour du Sénégal, en août 1825, la V. Mère Javouhey fut heureuse de présider la distribution des prix de l'année scolaire. « Tout le monde, écrit-elle, a paru enchanté des progrès des élèves ; six d'entre elles, et des plus fortes, prennent l'habit de postulante et iront faire leur noviciat à Bailleul. C'est donc bien l'œuvre de Dieu (1). »

Elle avait eu, en effet, la consolation d'assister, dans la vieille chapelle, à une double cérémonie de vêture et de profession. « De 1812 à 1824, lisons-nous dans les *Annales Historiques*, Cluny fut la seule pépinière d'où sortirent les jeunes plants de l'Institut, et lorsque d'autres sources se formeront ailleurs, cette maison continuera néanmoins à soutenir et à alimenter par de nombreuses recrues, un personnel trop restreint pour faire face aux œuvres qui se multiplieront dans les diverses parties du monde. »

Au nombre des âmes d'élite qui s'offrirent, à Cluny, à la Vénérable Mère Javouhey, nous ne pouvons passer sous silence la R. M. Marie de Jésus Bajard ; elle était née sur la paroisse St-Marcel et avait suivi les classes de l'externat Saint-Joseph. En 1869, elle fut jugée digne de recueillir l'héritage des chères Mères fondatrices. Non seulement elle l'a conservé intact, mais elle l'a agrandi et enrichi.

En même temps que le noviciat de Cluny devenait de plus en plus important, le pensionnat des jeunes filles acquérait un renom qui justifiait la confiance des familles. On se vit dans la nécessité de construire. De nouvelles

(1) A la fermeture du pensionnat, en 1903, une statistique permit d'établir qu'il était entré 1330 jeunes filles de 1890 à 1903. Le tableau des enfants de Marie se termine par le numéro 421. L'internat a compté pendant le même laps de temps 910 élèves, l'école gratuite 500 et l'école enfantine 280 ; soit en total 3,220 élèves.

salles durent être aménagées dans le rez-de-chaussée du vieux couvent et, comme les postulantes arrivèrent plus nombreuses, après leur dispersion violente en 1845, elles s'employèrent elles-mêmes, sous la direction de M. Rocault, curé de Notre-Dame, aux travaux de construction et de réparation. Le spectacle de leur entreprise était des plus réconfortants. On pouvait dire qu'avant d'essaimer au loin, ces abeilles mystiques avaient hâte de construire elles-mêmes les alvéoles de leur ruche-mère.

Tant que vécut la Vénérable Anne-Marie Javouhey, la chapelle des Récollets resta dans son état primitif avec son plafond peint, à compartiments. Le tableau que M. Nigotte, professeur de dessin au collège et au pensionnat, a laissé de l'intérieur, nous permet heureusement d'en admirer la belle ordonnance (1). Des groupes de religieuses et de pensionnaires prient devant les autels de la Vierge et de saint Joseph. La statue de Saint Jean-Baptiste a disparu, mais le bénitier occupe la place qu'il avait toujours eue au milieu de la nef. Le nombre considérable de fidèles qui fréquentaient la chapelle obligeait de leur conserver la majeure partie de l'enceinte. Ce n'est qu'en 1861 que la grille de clôture a été reportée plus bas. Elle marque l'entrée de l'ancienne chapelle. La nouvelle a été un peu agrandie, mais elle a perdu le vieux plancher qu'une belle et large voûte n'a pas fait oublier.

La chapelle bâtie par les Récollets servit aux exercices de leur communauté pendant près de deux siècles. En l'acquérant, en 1812, les RR. MM. Fondatrices l'ont rendue à sa destination première. Quel foyer puissant de prières n'a-t-elle pas été, après comme avant la Révolution ! Le nombre des vêtures et des professions

(1) Au sanctuaire on aperçoit agenouillé sur son prie-Dieu, le vénérable M. Barreau, aumônier de la maison et professeur au collège.

est tellement considérable que nous renonçons à l'évaluer. Bornons-nous à citer le nom des dignitaires ecclésiastiques qui furent appelés à les présider.

M. Samoël, curé de N-D. à Cluny, M. Gondin missionnaire apostolique, M. Barreau, aumônier de la communauté et son successeur M. Girard, remplissent cet office alternativement de 1820 à 1829 ; M. Josserand, vicaire général, est le délégué de Mgr l'Evêque pour les années suivantes. S. G. Mgr d'Héricourt préside en personne ou se fait remplacer par M. Rocault en 1839, 1840 et 1841. Mais à dater de 1842, M. Juillet, supérieur du petit séminaire d'Autun puis grand vicaire, vient plusieurs fois par an à Cluny, soit pour prêcher les retraites soit pour donner le saint habit aux postulantes et recevoir les vœux des novices.

Il fut ainsi durant cette période difficile le sûr appui de la V. M. Fondatrice. Il prêcha la retraite d'octobre 1844 en collaboration avec M. Genty, des missions diocésaines, qui sera fréquemment aussi le délégué de Mgr d'Héricourt. A la clôture de cette retraite, 21 postulantes furent admises à la vêture, 35 novices firent leurs premiers vœux, 17 professes les renouvelèrent. Il en sera de même jusqu'à la mort de la V. M. Anne-Marie. Le nombre des entrées à Cluny fut sa grande consolation. Le registre porte pour 1845 vingt postulantes; pour 1846 dix-neuf; pour 1847 trente-deux ; pour 1848 quinze ; pour 1849 seize ; pour 1850 vingt et une ; pour 1851 vingt-six.

CHAPITRE V

Les Sœurs de St-Joseph de Cluny dans les colonies.

En 1809, la R. M. Javouhey « l'entreprenante » ou, comme on dira plus tard avec moins de raison encore « l'ambitieuse, l'intrigante » avait essayé de prendre pied à Paris. Elle ne put y réussir, l'heure de Dieu n'étant pas encore sonnée. A peine arrivée à Cluny, elle se sentit comme pressée, pour atteindre sa vocation spéciale, de renouveler son essai. Humainement parlant, cette tentative devait échouer comme la première. Seule, sans ressources, sans protecteurs, comment l'humble religieuse pouvait-elle espérer s'installer dans la grande ville, surtout en un pareil moment ? On était en 1814, l'effervescence des esprits n'avait d'égale que la rapidité des événements qui changèrent deux fois de suite le gouvernement de la France. Les Sœurs de S. Joseph de Cluny endurèrent à Paris tout ce que l'isolement, la contradiction et la pauvreté peuvent causer d'amertume et d'inquiétude. Elles n'avaient pas même de quoi payer leurs chaises à l'église ; elles entendaient la messe dans une des chapelles, agenouillées sur le pavé et allaient s'asseoir sur les gradins du confessionnal. Leur mobilier était à l'avenant : il y avait deux lits pour trois ou quatre. Annette Poucoup (1), qui s'était attachée à la Vénérable Mère en qualité de familière, allait chercher l'eau à la Seine et achetait sou par sou au marché les maigres provisions de la journée.

Le célèbre abbé d'Astros, plus tard cardinal de Toulouse, alors administrateur du diocèse de Paris, ayant eu connaissance des efforts héroïques de la V. Mère, admira sa constance et lui fit donner par la ville de Paris une de ses écoles. On devait y faire l'essai de la méthode dite d'enseignement mutuel, objet de vives critiques de la part des meilleurs esprits. Un jour, quelques Sœurs de Cluny qui étaient allées à la messe dans l'église voisine, ne revinrent pas. Des prêtres leur avaient défendu de suivre une méthode qui ne pouvait, disaient-ils, donner aucun bon résultat. Ainsi abandonnée, la V. M. Javouhey ne se découragea pas ; elle appela d'autres Sœurs à son aide et poursuivit, non sans soucis, son cours d'enseignement mutuel. Les élèves affluèrent ; les visiteurs se présentèrent nombreux aussi pour juger du système. Parmi ceux-ci se trouva, en 1816, l'intendant de l'île Bourbon, M. Desbassins, qui fut charmé par la simplicité et la largeur de vue de la jeune supérieure. Il la pria de lui donner quelques-unes de ses religieuses pour son île. — La population, dit-il, se compose de blancs, de noirs et de mulâtres. En l'entendant la V. M. Javouhey peut à peine contenir son émotion, au souvenir de ses visions restées jusque-là inexpliquées. M. Lainé, ministre de Louis XVIII, lui proposa à son tour la direction des hôpitaux et des écoles dans toutes les colonies françaises. Elle accepta sans hésiter et même avec reconnaissance. — *Ça me*

(1) De Longepierre (Saône-et-Loire).

dit ou *ne me dit pas*, assurait-elle naïvement en parlant de l'inspiration intérieure qui la guidait dans les décisions qu'elle avait à prendre. — Mais pour les noirs et les colonies, *ça lui disait* depuis longtemps.

C'était la porte de l'apostolat ouverte au zèle des Sœurs de St-Joseph de Cluny. La M. Javouhey était dans un ravissement inexprimable. Quand elle sut que ses sœurs allaient s'occuper d'une population composée de mulâtres et de noirs : « Voilà bien, se dit-elle, ces enfants de races diverses et de couleur différente que le bon Dieu m'a montrés et dont je dois m'occuper. » Puis elle s'humiliait en considérant la grandeur de cette vocation. — « Quoi ! de simples femmes appelées à prêcher et, par leurs exemples et leur charité, à concourir avec les apôtres à faire connaître Dieu dans les pays sauvages où le démon a régné si longtemps en maître ! » Elle ajoutait avec le sentiment profond de sa faiblesse : « De pauvres paysannes, car nous sommes de la Bourgogne ! par nous-mêmes, nous ne pouvons rien. Cependant je me sens un courage qui ne peut venir que de Dieu. »

Elle accompagnera à Brest, à Rochefort et jusqu'à Bordeaux, les escouades de sœurs qu'elle doit envoyer par delà les océans, veillant avec un soin attentif à ce qu'elles ne manquassent de rien pendant la traversée. Il est vrai que les soucis matériels ne la préoccupaient pas beaucoup, ni elle ni ses filles, qui partaient gaiement sans s'inquiéter du viatique plus ou moins considérable qu'on leur donnait.

Mais elle n'appréciait pas moins le détachement de ces admirables religieuses : « Faut-il, disait-elle, que ce soit des Sœurs de Saint-Joseph pour se contenter de si peu! partir si gaiement avec un si mince trousseau ! » C'était la complaisance de son cœur de voir brûler et briller le zèle de ses filles.

Quatre Sœurs s'embarquèrent pour l'île Bourbon le 10 janvier 1817 ; d'autres les rejoignirent bientôt après en 1818. Suivons-les sur le vaste théâtre offert à leur activité apostolique. Leur départ avait excité au plus haut point l'admiration et la surprise ; on n'était pas encore habitué à voir de faibles femmes porter leur dévouement dans des contrées lointaines et affronter pour cela les tempêtes et les cyclones. La traversée des vaillantes missionnaires de 1817 fut des plus pénibles. Parties en janvier, elles ne purent débarquer que le 28 juin ; mais elles se mirent incontinent à l'œuvre sous la direction de leur courageuse supérieure, la mère Marie-Joseph Varin. Une école fut ouverte à St-Paul ; elle eut un tel succès que le ministre de la marine pria la Mère Javouhey de fonder une seconde maison, à Saint-Denis. L'estime de la population pour les Sœurs de Saint-Joseph de Cluny ira sans cesse grandissant ; comme nous le verrons plus tard, une tentative de schisme fomentée par quelques membres de l'administration coloniale avorta heureusement, grâce à l'énergie de la R. M. Rosalie. L'orage apaisé, les Sœurs redoublèrent de dévouement et de zèle, au point que le gouverneur voulut témoigner sa satisfaction en ces termes : « Tout le bien que l'on peut dire des Sœurs de Saint-Joseph est au-dessous de ce qu'elles méritent ; ce sont des filles qui se conduisent comme des anges. »

Tandis que les œuvres confiées à la Congrégation se développaient rapidement à Bourbon, M. Lainé, fidèle à sa parole, s'adressa à la R. M. Supérieure pour obtenir quelques Sœurs à l'effet de tenir l'hospice de Saint Louis au Sénégal (1819). Elles arrivèrent à destination le jour même de la fête de Saint-Joseph, le 19 mars, ce qui parut un bon présage à la R. M. Rosalie, leur directrice, chargée de cette fondation. Mais une douloureuse surprise attendait les pauvres religieuses lorsqu'elles furent à Saint-Louis. L'Eglise était sans pasteur depuis huit mois. Les colons européens n'étaient catholiques que de nom et donnaient aux indigènes le spectacle navrant de leur inconduite.

« Il faut être ici et voir les choses de près, écrit la R. M. Rosalie, pour croire qu'elles existent de cette manière. Si je me permettais de vous dire tout ce que j'ai vu et entendu... vous ne voudriez pas le lire deux fois. »

L'hôpital, ou du moins la bâtisse qui en portait le nom, était dans un désordre et un dénuement indescriptibles. Tout était à réorganiser. La M. Rosalie et ses coopératrices se mirent à l'œuvre avec une activité d'autant plus admirable que le climat des tropiques éprouve toujours gravement les Européens. L'ordre et la propreté régnèrent là où, auparavant, l'insouciance des négresses laissait tout à l'abandon. Une école fut ensuite ouverte pour les enfants.

L'œuvre de l'évangélisation des indigènes semblait en bonne voie quand le préfet apostolique, outré de l'hostilité de l'administration, rentra à Paris en jetant l'interdit sur la colonie. Cette situation cruelle pour des religieuses dura dix-huit mois ; mais Dieu leur vint en aide au point que pas une d'elles ne contracta les fièvres paludéennes qui ordinairement atteignent tous les Européens. L'arrivée d'un nouveau préfet apostolique fut une immense consolation pour les filles de la V. M. Javouhey ; elles eurent néanmoins à souffrir de l'opposition sourde dont le précédent prélat avait eu tant à se plaindre. Au bon vouloir qu'on leur avait témoigné au début succéda un système de surveillance mesquine qui eut fatigué des cœurs moins généreux.

La V. M. Fondatrice, instruite de ces difficultés, résolut de partir secrètement pour le Sénégal. Seules, la Mère Marie-Thérèse, supérieure de Cluny, et la Mère

Marie-Joseph, de Beauvais, étaient dans la confidence. « On dit, écrivait-elle à la Mère Rosalie, que le Sénégal est un mauvais pays, c'est précisément pour cela que je dois y aller voir les choses par moi-même. » Rien ne put l'arrêter. Elle débarqua à Saint-Louis dans les premiers jours de mars 1822, et se rendit peu après à Dagana, distant de 150 kilomètres de la côte.

Au bout de quelques semaines, comme elle ne se ménageait ni pour les travaux agricoles, ni pour les soins qu'elle prodiguait aux malades atteints des fièvres pernicieuses, elle fut elle-même frappée par la contagion. On dut la rapporter mourante à Saint-Louis.

Le gouvernement anglais de Sierra-Leone et de Sainte-Marie-de-Gambie, instruit du bien que les Sœurs de Saint-Joseph de Cluny faisaient au Sénégal pria la V. Mère de lui donner quelques religieuses pour ses colonies. Au mois de décembre 1822, l'intrépide supérieure, à peine rétablie, conduisit elle-même ses filles à Sainte-Marie. Elle se rendit seule à Sierra-Leone avec sa petite Florence, jeune négresse orpheline, qui s'était attachée à elle; elle eut ainsi toute liberté pour se dépenser auprès des malades, parmi lesquels la fièvre jaune faisait d'affreux ravages. Elle console, instruit, baptise, ensevelit avec les prières de l'Eglise ; à la fin les fièvres la saisissent de nouveau ; elle n'échappa à la mort que par miracle. Quand elle reparut à Saint-Louis, où on avait été obligé de la transporter en hamac, elle était tellement épuisée qu'on ne la reconnaissait plus. De leur côté, ses filles de France redoublaient d'instances pour la prier de hâter son retour, dans la crainte de la voir mourir dans ces pays malsains. Elle répond : « Dites-moi, je vous prie, ferais-je en France le quart de ce que je fais dans ces pays ? Serais-je digne de votre amitié si je ne remplissais pas mes devoirs aux dépens même de ma vie ?... Que j'aime l'Afrique ! Que je remercie le bon Dieu de m'y avoir amenée. Cependant, consolez-vous, je retournerai en France bientôt, puisque vous le voulez. »

Elle reprit la mer en février 1824, accompagnée de son inséparable Florence. Il nous faut dire un mot de cette humble orpheline, capturée par des nègres et vendue comme esclave à une famille originaire de *Florence* qui lui donna ce nom. Elle fut un « suave bouton des fleurs d'Afrique » ; jolie, aimable et souriante, elle était entrée dans cette maison sans conscience de son sort. Sa mère, réduite elle aussi en esclavage, finit par découvrir l'appartement qu'elle habite. Mise en sa présence, Florence de s'écrier : « C'est mon maman » ; sa joie est indicible. A son arrivée au Sénégal, la V. M. Javouhey reçut des mains de sa sœur, la M. Rosalie, la petite nègresse, et sa bonté pour elle fut singulière. Le cœur innocent de Florence ne résista pas à la grâce qui la sollicitait de recevoir le baptême, mais par prudence le sacrement ne lui fut conféré qu'en France. Cette enfant, douée d'une vive intelligence, connaissait tous les dialectes parlés chez les Peuls, sa tribu d'origine. Elle fut donc d'un grand secours à la V. M. Fondatrice dans ses allées et venues à travers les peuplades du Sénégal et de Sierra-Leone. Florence se fit son infirmière lorsque la fièvre jaune terrassa l'intrépide *Mère des noirs*. — « Si toi meurs, ma Chère Mère, disait en pleurant la pauvre enfant, moi retourne pas à Saint-Louis ; personne voudra recevoir moi. » Aussi la compatissante et grande religieuse l'emmena-t-elle en France. Elle était les prémices d'une troupe d'enfants indigènes que, dans un avenir prochain, elle se proposait de faire venir d'Afrique. Comment tirer de l'abjection cette race noire, objet de ses vives sollicitudes ? Elle crut qu'on n'y arriverait que par la formation d'une société de missionnaires indigènes et autres, ayant pour fin de se dévouer à cette grande œuvre de régénération chrétienne.

Ce dessein n'était pas facile à réaliser surtout au sortir des bouleversements de la Révolution. Quoique intimement convaincue que telle était la volonté de Dieu, la V. Mère ne croyait pas que le moment fut venu de l'accomplir. Elle disait, semblant lire dans l'avenir : « Je saurai attendre l'heure de Dieu et l'homme de son choix. » Or, à cette date, 1824, un Juif d'Alsace, Libermann, ouvrait les yeux à la lumière de l'Évangile et, après son baptême, jetait au milieu de mille difficultés les bases de la Congrégation du Saint-Cœur-de-Marie dans le but de travailler à la conversion des noirs. Plus tard, le Cardinal Lavigerie, en fondant les Pères blancs, ne fera que suivre cette même indication de la Providence, dont la V. M. Javouhey avait eu, dès 1882, en Afrique, la conscience très nette.

A son départ de Saint-Louis, les signares ou dames de qualité du pays que les grandes vertus de la Chère Mère avaient gagnées à l'Évangile, les enfants des écoles et leurs parents, tous voulurent l'escorter sur le rivage. Les uns et les autres enfouissaient dans les plis de leurs pagnes le sable qu'ils ramassaient sous ses pas, comme pour assurer le retour de celle qu'ils vénéraient et aimaient tous à l'égal d'une mère.

Voici comment le cardinal Pitra résume l'œuvre de la V. Mère en Sénégambie : « Elle ne pouvait s'effrayer des ruines après avoir pu, en face et au milieu des démolisseurs de Cluny, fonder une Congrégation qui a dépassé les plus féconds essaims de la grande abbaye. On la vit, entre les deux tropiques, bâtir des écoles, créer des hôpitaux, ouvrir des catéchismes, distribuer des Sœurs de Saint-Joseph de Cluny partout où elle pouvait dresser des tentes. »

En attendant la réalisation de sa grande pensée pour l'évangélisation des noirs, elle faisait entrer dans son plan l'agriculture et l'enseignement des métiers utiles.

Là encore, elle était en avant presque d'un siècle sur l'administration des colonies. Il fallait à tout prix, selon elle, arracher les jeunes générations, Peuls ou Volofs, à leurs habitudes de vie oisive et nonchalante et leur assurer des moyens d'existence par la culture du mil, des arachides et des autres produits du sol africain. Ceux qui travaillent la terre sont plus accessibles aux idées religieuses, leur vie est plus calme, plus paisible. Elle sollicita donc l'autorisation de créer dans la campagne deux établissements agricoles en faveur des enfants noirs. Elle-même mit la main à la charrue et on la vit au Sénégal, comme plus tard à la Guyane, penchée sur un soc tout primitif, donner aux nègres des leçons de labourage. Elle voulait faire venir, de son pays d'Outre-Saône sans doute, d'honnêtes cultivateurs pour faire produire au sol Sénégambien tous les fruits qu'il est possible d'en tirer. Ces motifs d'ordre social et économique ne firent qu'affermir sa résolution de rentrer en France.

Léon Radiguet apprécie en ces termes dans la *Revue Française* (1) les résultats obtenus en Afrique par la V. M. Javouhey, durant le court séjour qu'elle y fit. « Jusqu'en 1827, dit-il, les établissements du Sénégal donnèrent des résultats tellement satisfaisants, tellement surprenants qu'on eût pu croire que le problème de la régénération des noirs par le travail était en voie de se résoudre. Mais l'impulsion donnée à cette œuvre par le gouverneur Royer et la Mère Javouhey ne devait pas suffire à assurer son existence... Le rappel du gouverneur Royer, les spéculations malhonnêtes de certains colons amenèrent la ruine de ces premiers établissements agricoles, du sort desquels la métropole ne tarda pas à se désintéresser et dont les sœurs de Saint-Joseph ne purent conserver la direction. »

Après environ trois semaines de traversée, la V. Mère

(1) N° du 10 Août 1890.

débarqua à Rochefort et arriva à Paris, le 24 mars. Elle y resta peu, le temps de se montrer au ministère de la marine, où on lui fit le plus chaleureux accueil. Mais elle se déroba aussitôt pour s'enfermer dans sa chère solitude de Bailleul-sur-Thérain. Elle était partie de là pour se rendre en Afrique ; elle y revint à son retour et y resta jusqu'en 1835. C'est dans cette maison, à proximité de Paris, devenue le centre administratif de l'Institut, que se préparaient les envois pour les îles. La V. Mère y appelait les sujets de ses diverses communautés, mais surtout de Cluny qui restait toujours le « principal foyer des vocations religieuses. » Un noviciat sera plus tard établi à Bailleul, sous l'autorité de Mgr de Beauvais, pour mettre la dernière main à la formation des Sœurs missionnaires.

On peut dire qu'à partir de 1824 l'apostolat des noirs fut la grande pensée de la V. Mère Fondatrice.

« Soit de France, soit du fond de la savane Guyanaise, la Mère Javouhey, reprend M. Radiguet, ne cessera pas un seul instant de poursuivre la réalisation de son programme, en vue de la régénération des races africaines. Les écoles qu'elle avait ouvertes à Saint-Louis et à Gorée étaient presque exclusivement destinées aux enfants des Européens et aux jeunes filles de couleur. La fondatrice de Saint-Joseph de Cluny ne se dissimulait pas que l'œuvre du relèvement social des populations autochtones devait avoir pour point de départ essentiel l'établissement de foyers d'instruction pour la jeunesse noire. »

C'est à quoi la sainte et admirable *Mère des noirs*, comme on l'appela dès lors, s'emploiera de toute son énergie, ainsi que nous le verrons bientôt.

CHAPITRE VI

Suite des Fondations en France.

Tandis que le nouvel Institut prenait son essor vers les contrées les plus lointaines, il se développait en France avec une rapidité telle que les RR. MM. Supérieures qui composaient le Conseil de la Congrégation, furent obligées de la modérer à plusieurs reprises.

La V. Mère Fondatrice eut, en 1817, la consolation de reprendre, à Saint-Marcel-lès-Chalon comme à Cluny, les traditions de piété et de bienfaisance qu'avaient laissées, dans tout le pays, les fils de Pierre-le-Vénérable. Cet antique prieuré devint bientôt une des œuvres importantes du nouvel Institut et remplaça la maison de Chalon (1). L'établissement, fondé l'année précédente à Villeneuve-St-Georges, fut également supprimé et celui de Bailleul, dont il vient d'être question, lui succéda en 1819. C'est à la même date que les Sœurs de Saint-Joseph de Cluny furent appelées au chef-lieu du diocèse de Beauvais, pour diriger l'Hôtel-Dieu, puis à Nanteuil-le-Haudoin. L'asile royal de la Providence, créé par Louis XVIII en faveur des familles qui avaient le plus souffert pendant

(1) On lit dans les *statuts* de 1827 (Voir ci-après). « Art. 16. Il s'est formé à Saint-Marcel de Châlons (*sic*) une maison de retraite pour les Sœurs que l'âge ou les infirmités mettent hors d'état de remplir leurs fonctions.. »

la Révolution, fut remis entre leurs mains, en 1820. Cette même année 1820 vit une double fondation, celle de Maraquès près de Libourne, puis celle de Gibaut (Gironde) l'une et l'autre créées pour des enfants et des malades, étaient dues à la générosité du duc Decazes.

L'année 1822 ne fut pas moins féconde : Senlis, Brie-Comte-Robert, Crépy-en-Valois. « Je bénis le Seigneur, écrivait de Saint-Louis du Sénégal à la V. M. Fondatrice, sa sœur la M. Rosalie, je bénis le Seigneur des prospérités qu'il donne à votre zèle et à vos travaux. En repassant vos lettres, je crois lire l'histoire des fondations de sainte Thérèse. Vous y allez encore plus rapidement ; voilà sept maisons établies depuis notre départ de France. »

Après un arrêt commandé par la prudence, le mouvement des créations nouvelles reprit, en 1825 par Rouen et Breteuil ; en 1826 par Fontainebleau, Chabeuil, Caunes, Chalabre, Limoux, Brest ; en 1828 par Alençon.

Le cadre qui nous est imposé ne nous permet pas de donner les détails, tous fort édifiants, de ces diverses fondations, pas plus que nous ne pouvons suivre nos Sœurs missionnaires sur les divers théâtres de leur apostolat dans les pays d'outre-mer.

A Rouen, comme à Alençon et à Limoux, c'étaient des œuvres nouvelles qui vinrent enflammer le zèle de la V. Fondatrice, le soin des aliénés. Elle avait une sorte de prédilection pour ces asiles de la souffrance morale, aussi aimait-elle à y venir souvent ; elle arrivait à l'improviste, parcourait les salles, s'adressait aux malades avec cette aménité qui la caractérisait. Elle a raconté elle-même comment elle fut amenée à accepter l'hospice d'Alençon, durant un voyage qu'elle faisait de Paris à Brest. « Cette maison était dans un état déplorable depuis de longues années... J'arivai seule, j'entendis les cris, les hurlements de tous ces malheureux ; muette à ce spectacle, je ne savais que dire. On fit tout pour m'effrayer, mais en vain... Dès le lendemain nous nous mîmes en devoir de calmer les furieux... Dans l'espace de trois jours nous parvînmes à les nettoyer (*sic*) à les habiller décemment, puis à les tranquilliser, si bien que la plupart se mirent dès lors à travailler au jardin... Enfin, de loups furieux ils sont devenus des agneaux. Et ce sont ces malheureux eux-mêmes qui nous ont aidées, avec un zèle infatigable, à mettre toute la maison en ordre, de telle sorte que deux mois ont suffi pour y établir l'ordre le plus parfait. »

Une Sœur ajoute ce détail : « Un aliéné était mort dans sa loge sans que personne s'en fût aperçu et l'on reconnut que son décès remontait à deux ou trois jours. Comme on donnait aux malades la nourriture par un guichet, on trouva son cadavre entouré des misérables morceaux de pain qu'on lui servait et qu'il n'avait pas touchés. Notre Révérende Mère lui fit donner la sépulture ; mais cette vue lui avait tellement navré le cœur que, pendant plusieurs jours, elle eut ce spectacle continuellement sous les yeux ; à table elle ne pouvait prendre ses repas sans que ses larmes coulassent avec abondance. »

Breteuil fut l'œuvre de l'admirable et vertueux duc Mathieu de Montmorency-Laval, celui-là même dont la vie si chrétienne lui méritera de mourir un jour de Vendredi-Saint, à 3 heures du soir, dans l'église de Saint-Thomas d'Aquin. La V. Mère dit aux Sœurs qu'elle y envoya que cette fondation les mettait en rapport avec le plus saint et le premier personnage de France après la famille royale ; aussi revenait-elle souvent de Paris dans cette pieuse maison. Une vénérable religieuse a raconté, plus de 60 ans après, qu'elle la vit arriver un jour dans une modeste voiture aux roues peintes en jaune. Quand elle eut mis pied à terre, toutes les sœurs et les pensionnaires s'approchèrent pour lui baiser la main. « Je ne savais pas encore, dit-elle, que l'on pût embrasser quelqu'un autrement que sur les joues et je fus profondément édifiée de cette marque de respect. »

Caunes était un vieux couvent de Bénédictins qui tombait en ruines ; il devint le premier établissement des Sœurs de Saint-Joseph de Cluny dans le Midi. Un fervent noviciat y fut établi, puis transféré à Limoux, dans un ancien monastère de l'ordre de Saint-Dominique qui avait conservé sa belle église. L'évêque de Carcassonne, Mgr Saint-Rome de Gualy, avait lui-même attiré les Sœurs de Cluny dans son diocèse. Il poussa la bienveillance jusqu'à leur offrir l'hospitalité, lorsqu'elles viendraient à Carcassonne, dans une dépendance de l'évêché, qui pour ce motif reçut le nom de *Chambre bleue*. La V. Mère Javouhey ne pouvait se montrer dans les rues de la ville, sans se voir entourée d'hommages respectueux qui la remplissaient de confusion. A peine paraissait-elle, en effet, que les jeunes filles qui la guettaient au passage l'abordaient pour lui faire part de leurs ardents désirs d'entrer dans la Congrégation de Saint-Joseph de Cluny. C'était à un tel point que les mères de famille se voyaient obligées de les garder à la maison, ainsi qu'il arriva au temps de saint Bernard.

L'hospice de Saint-Yon confié aux Sœurs de Saint-Joseph de Cluny, ne faisait que de s'ouvrir ; tout y était à ses débuts pour l'installation et l'organisation. L'immense local, aliéné pendant la Révolution et dont bénéficiait le département de la Seine-Inférieure, était riche en souvenirs. C'était là que saint Jean-Baptiste de La Salle avait établi le noviciat et la maison-mère de son Institut. Il y avait passé les dernières années de sa vie et y était mort, le Vendredi-Saint 7 avril 1719. Tout parlait donc de lui et il y exerçait une salutaire influence, celle qui se dégage des exemples donnés par les saints dans les lieux où ils ont souffert et où repose leur dépouille mortelle. Les reliques du fondateur des Frères des écoles chrétiennes demeurèrent jusqu'en 1830 dans la petite église de la maison, dédiée à l'Enfant-Jésus. L'œuvre de Saint-Yon fut bénie de Dieu ; commencée avec 8 Sœurs, elle fut, en 1878, transférée à Saint-Etienne-du-Rouvray, à quelques kilomètres de Rouen, mais splendidement installée et agrandie de plus de moitié : 1200 malades y sont soignés par 120 religieuses. Cet hospice est le plus vaste de ce genre dans le Nord-Ouest de la France.

L'infatigable ouvrière du Seigneur eut l'heureuse inspiration de doter le Midi d'un asile semblable. Elle trouva assez de place à Limoux pour cette fondation, dont elle prédit à l'avance les merveilleux développements. Là encore sa seule présence suffisait pour faire éclore les vocations. Enthousiastes et généreux, les habitants de Limoux auraient toujours voulu garder parmi eux la V. Mère. Quand ils la voyaient s'éloigner, — ah ! disaient-ils, la sainte nous quitte. Sa charité était proverbiale : « Charitable, répétait-on dans le pays, comme la Mère Javouhey. » Un jour, elle s'aperçoit de l'air triste d'une bonne femme occupée au jardin ; elle l'aborde et apprend de sa bouche qu'elle travaille activement pour s'acquitter des 6 francs dus par elle depuis longtemps pour les mois de classe de sa fille. Mais la V. Mère n'entend pas les choses de cette façon ; rentrée à la communauté elle se fait donner 6 francs que l'on porte de suite à la pauvre femme en l'assurant que désormais son travail sera payé intégralement et sa fille reçue gratuitement.

C'était auprès des aliénées que se manifestait davantage encore la charité de la V. Mère Javouhey. Les malades la connaissaient et l'aimaient ; quand elle arrivait, toutes riaient ; quand elle partait, toutes pleuraient ! A l'occasion elles abusaient de la tendresse qu'elle leur témoignait. « Je le dirai à ma Chère Mère », disaient-elles, lorsqu'elle était absente.

Chaque jour, elle faisait sa ronde ; mais, outre cela, elle les servait elle-même, les faisait manger, les calmait d'une façon surprenante et, par un charme inexprimable, elle rendait les furieuses tout à coup dociles. Elle les portait à Dieu, profitant des moments lucides pour élever leurs cœurs, leur faire accepter la souffrance et leur position pénible avec esprit de foi et d'amour de Dieu. « Rien n'est petit, disait-elle souvent, de ce qu'on fait pour Dieu ». C'étaient les emplois les plus humbles et les plus vils, qu'elle aimait et qu'elle recherchait de préférence.

Pendant que sous la direction éclairée de la nièce de la Vénérable Mère, la M. Clotilde, toutes les œuvres de zèle et de charité grandissaient à Limoux, Fontainebleau naissait à l'Institut ; l'externat encore florissant atteste la bénédiction dont le ciel l'a comblé. Le pensionnat n'a été fermé que tout récemment.

C'est dans le diocèse d'Autun que l'Institut de Saint-Joseph établit, comme il est naturel, les plus anciennes (1) et les plus nombreuses fondations.

La première école qui fut confiée aux Sœurs de Saint-Joseph de Cluny, au Creusot, remonte à 1830. Le personnel de cette maison s'accrut à mesure qu'augmenta le chiffre de la population. Deux essaims sortirent de la ruche de Saint-Laurent et devinrent aussitôt très importants. Ces trois écoles acquirent, grâce à l'unité qui faisait leur force et aux méthodes d'enseignement qu'elles adoptèrent, une supériorité qui alla s'affermissant d'année en année. Aussi les chefs d'usine dans

(1) Voir plus haut p. 18, 26, 27.

le grand bassin minier et industriel de Saône-et-Loire suivirent-ils presque tous l'exemple donné par MM. Schneider; Blanzy, Palinges, Perrecy, Ciry-le-Noble, Montchanin-les-Mines, Sanvignes, St-Berain, reçurent avec reconnaissance et gardèrent jusqu'à la fermeture des écoles congréganistes des établissements de Saint-Joseph de Cluny.

Les bourgs et paroisses rurales du Charollais et du Brionnais entrèrent dans le mouvement qui, commencé à Chauffailles, en 1839, s'étendit à Châteauneuf, Saint-Didier, Ouroux-sous-le-Bois-Ste-Marie, Melay, Artaix et pénétra en Mâconnais, à Azé et à Brandon La V. M. Javouhey n'avait pas rompu ses relations avec le petit séminaire d'Autun. Ses filles y revinrent, en 1835, pour tenir la sacristie, la lingerie et l'infirmerie de cette maison appelée à une si grande prospérité, puis redevenue, en 1884, la proie de la Révolution anti-chrétienne.

Les fondations en dehors du diocèse d'Autun, un moment suspendues durant le premier voyage de la V. Mère à la Guyane, reprirent à son retour avec un nouve éclat. La première par ordre de date et d'importance fut Saint-Affrique, au diocèse de Rodez, puis vinrent celles de Quevilly et de Gournay (1825). Il en fut dans le Rouergue comme dans l'Aude, la rayonnante bonté de la V. Fondatrice attirait à elle les jeunes filles de cette religieuse contrée; mais ne connaissant que très peu le français, elles n'osaient solliciter leur admission dans l'Institut. « Pourvu, leur répondait-elle, que vous sachiez aimer et prier le bon Dieu, c'est tout ce qu'il faut. » Elle ouvrait de même au grand large les portes de sa maison aux jeunes personnes peu fortunées, leur assurant « qu'elles trouveraient toujours de quoi se nourrir, tant que leur Mère aurait elle-même quelque chose à se mettre sous la dent. »

Rien à ses yeux ne devait distinguer le régime de la Supérieure générale de celui des simples Sœurs. Ni à la Maison-Mère, ni en voyage dans la visite des établissements, elle n'autorisait aucun honneur particulier ; elle réprimait la moindre attention que ses filles voulaient avoir pour elle à son arrivée ou à son départ, proscrivait impitoyablement décors, tapis, petits festins donnés en son honneur. Elle portait l'amour de la simplicité et de l'uniformité jusque dans le modeste trousseau d'une religieuse en voyage. Or, selon son expression pittoresque, « le bagage d'une Sœur de Saint-Joseph de Cluny devait tenir dans un chausson. »

Un jour, sur la fin de sa vie, ses filles désiraient la munir davantage de provisions et d'effets : — « Non, non, mes enfants, leur objecta-t-elle, rien de tout cela ; je prendrai mon bonnet de nuit dans ma poche, mon parapluie à la main ; pourquoi s'embarrasser de tant de choses dont on peut se passer ? »

Si cependant le voyage devait être un peu long, elle consentait à accepter quelque chose : — « Donnez-moi mon petit cabas ; j'y mettrai d'un côté ce qu'il faut pour la nuit, de l'autre un morceau de pain et quelque chose avec, voilà tout. »

A son retour du Sénégal, où elle avait obtenu des succès si merveilleux pour la colonisation des noirs, elle passa à Chamblanc et voulut revoir la maison paternelle et l'église du village qui lui rappelaient tant de souvenirs. Ses compagnes, ses amies d'autrefois l'entouraient d'un profond respect et ne savaient comment l'appeler. — Eh ! c'est Nannette qu'il faut me nommer, leur dit-elle avec une grâce parfaite, ne suis-je pas toujours la même ? « Elle avait raison, profondément raison, dit M. Aubineau. Cette simplicité de Nannette était le grand prestige, la belle vertu de la fondatrice et de la Supérieure générale de Saint-Joseph de Cluny : une simplicité établie sur l'innocence et fruit de l'humilité. »

Dans ses exhortations, elle revenait sans cesse sur ce point. Sa vie était un exemple entraînant de simplicité et d'une bonhomie à laquelle personne ne résistait, pas même les hommes d'Etat qui furent en relations avec elle. Le récit de ses voyages est rempli d'anecdotes charmantes ; sur les routes, dans les voitures publiques, partout elle captivait les cœurs, et édifiait tous ceux qui la rencontraient par son abandon, sa rondeur et son inépuisable bienveillance. C'était en un mot, et elle-même aimait à le répéter, une vraie Bourguignonne, pleine d'esprit et de bonté, s'efforçant d'obliger tout le monde indistinctement, par mille procédés aimables.

Quelle n'était pas son affabilité avec les jeunes pensionnaires au cours de ses visites dans les maisons d'éducation ! Gracieuse et condescendante, elle écoutait avec intérêt. Le regard de son cœur allait d'une enfant à l'autre. A la fin, quand tout était terminé, elle faisait à son jeune auditoire un compliment où brillaient à la fois son humilité et son zèle. « Tout ce que vous m'avez dit était bien beau et vous m'avez appris bien des choses, car voyez-vous, mes enfants, moi je n'ai pas étudié comme vous ; je ne savais rien du tout et je vous remercie de tout ce que vous venez de me faire entendre. » Puis elle se disait tout bas : « Voyons si je ne trouverai pas une missionnaire parmi ces jeunes filles. »

Mais au milieu de ses visites comme dans ses voyages, la V. Mère ne perdait pas la pensée de Dieu. Attentive au bien spirituel de ses enfants, elle se plaisait à les arracher, même un peu brusquement, aux mesquines futilités de la vie et quelquefois aux préoccupations trop inquiètes de la santé : « Il nous faut être des âmes courageuses et dévouées, pieuses surtout, disait-elle. » Puis s'adressant familièrement à celles qui essayaient de se plaindre : « J'en voudrais trente comme celles-ci qui se dévouent avec joie pour une de votre façon ! — Mais, disait-on parfois, tout le monde n'a pas le même tempérament — Oh ! répliquait la Chère Mère, quand on n'a pas le même tempérament on se le fait ! » Elle aurait pu citer à l'appui son propre exemple. On la vit plus d'une fois pour encourager les malades à prendre leurs médicaments boire sous leurs yeux les potions les plus amères. Une novice, une jeune religieuse avait-elle quelque répugnance à s'approcher d'une malade gâteuse ou couverte de plaies, aussitôt la V. Mère prenait le tablier et lui rendait tous les services que son état réclamait, ajoutant aimablement : « Ce n'est pas plus difficile que ça ».

CHAPITRE VII

Nouvelles missions aux colonies.

L'admirable dévouement que la V. Fondatrice avait déployé au Sénégal, son zèle pour la régénération des noirs avait attiré l'attention publique sur le jeune Institut de Saint-Joseph. La Cour suivait avec intérêt les œuvres établies à Bourbon et à Saint-Louis ; en témoignage de l'estime qu'elle leur portait, la duchesse d'Angoulême désira voir ces nouvelles religieuses, dites de Cluny, où elle venait précisément de faire une entrée splendide. Par ses largesses elle avait réussi à arrêter enfin la folie des démolisseurs (1), et à conserver le dernier clocher de l'église abbatiale, dit « le clocher de l'eau bénite. »

Quelques Sœurs de Saint-Joseph de Cluny furent admises à la messe du Roi, dans la chapelle des Tuileries.

(1) L'ancienne rue Dauphine rappellait cet intéressant souvenir aux étrangers qui visitent Cluny. C'est aujourd'hui la rue Lamartine.

L'humble supérieure réussit à se dérober. Toute son attention avait pour objet d'inspirer à ses filles ce grand amour des âmes dont elle était elle-même dévorée. Aussi était-ce un saint enthousiasme dans toutes les maisons de l'ordre, en France, pour voler au-delà des mers, aider au salut des infidèles. Mais, ce que Dieu permet toujours, les épreuves allèrent de pair avec le succès. Notre-Seigneur, en le marquant du sceau de sa croix, voulait montrer que l'Institut de Saint-Joseph de Cluny était bien son œuvre; il voulait aussi maintenir les courageuses filles de la V. Mère dans une humble défiance d'elles-mêmes et implanter plus avant encore dans leurs cœurs le saint abandon à ses divins vouloirs. On le croirait à peine, c'est à l'heure de sa plus grande expansion, en France et hors d'Europe que la Congrégation de Saint-Joseph de Cluny eut à lutter contre une gêne pécuniaire des plus pénibles. La situation financière, en temps ordinaire toujours assez tendue, s'était fort aggravée par toutes les fondations du dehors et du dedans. Elle devint même une véritable détresse, comme aux temps de Seurre et de Souvans. Mais, ni la V. Mère, ni ses dévouées collaboratrices ne s'en émurent ; elles mirent comme toujours leur confiance en Dieu et la douce Providence vint à leur aide de la façon la plus inattendue à l'heure où les hommes les oubliaient et se montraient impuissants à les soutenir.

Au même moment une épreuve plus délicate sembla menacer l'existence même de l'Institut dans cette belle Ile de Bourbon où il s'était implanté avec tant de bonheur. La Supérieure la R. M., Bathilde, avait été obligée de quitter son poste devant l'opposition irréductible des autorités civiles et ecclésiastiques. Celles-ci, croyant agir pour un plus grand bien, désiraient détacher les Sœurs de la métropole et fonder par leur moyen une Congrégation indépendante. Ces affligeantes nouvelles parvinrent à Paris au moment où la V. M. Fondatrice revenait du Sénégal ; les tentatives de schisme avaient alors un grand retentissement dans toute l'île.

Le premier soin de la V. Mère fut d'y envoyer sa sœur la R. M. Rosalie, avec l'espérance que sa douceur, sa charité apaiseraient les esprits et maintiendraient dans leurs devoirs les religieuses que des influences étrangères avaient réussi à détacher de leurs légitimes supérieures. La résistance fut vive ; aucune humiliation ne fut épargnée aux Sœurs restées fidèles. On alla même jusqu'à leur refuser la participation aux sacrements et à faire circuler sur leur compte les bruits les plus injurieux. La R. M. Rosalie vit sa correspondance interceptée ; mais, en butte à toutes ces injustices, elle donna le bel exemple d'une vertu qui ne se démentit pas un instant. Le contraste qui s'établit entre la douceur, la patience et le calme de la pieuse Mère et l'animosité acharnée de ses adversaires, frappa les plus indifférents. Un revirement complet s'opéra en sa faveur. La tempête qui devait déraciner de Bourbon la jeune Congrégation de Saint-Joseph lui prépara au contraire un terrain plus solide et plus fertile. Outre la direction des écoles qui leur était rendue, les Sœurs de Cluny reçurent de l'administration l'hôpital militaire de Saint-Denis. Ce retour inespéré de la bienveillance alarma la V. Mère. « Elle écrivit à la M. Rosalie : « Je n'ai pas craint pour vous l'adversité, mais je crains beaucoup pour vos compagnes la prospérité ; celle-ci est bien plus dangereuse que l'autre (1). »

La contradiction allait marquer du même signe divin les établissements d'Amérique qui remontent aux années 1822-1824. De Cayenne, les Sœurs qui y dirigeaient une petite école furent envoyées, en 1823, sur les bords de la Mana où tout était à créer. Ce sera l'œuvre personnelle

(1) Cette maxime admirable se trouve presque textuellement dans les instructions que la B. M. Barat donnait en 1830 à ses religieuses. Cf. Mgr Bonnard, *Histoire de la Bienheureuse*, IIe vol. p. 10.

de la V. Mère, comme nous le verrons bientôt. Le gouvernement, en cette même année 1822, confia aux Sœurs de Saint-Joseph de Cluny, les écoles de la Guadeloupe. Cette île n'avait jamais eu de religieuses enseignantes ; aussi l'arrivée des filles de la V. M. Javouhey devait-elle bientôt être regardée comme un grand bienfait pour la population blanche. L'accueil qu'on leur fit était plutôt froid cependant ; mais lorsqu'on les vit à l'œuvre, toutes les préventions tombèrent. En moins de trois ans, l'école de Basse-Terre compta plus de cent élèves.

On pouvait la regarder comme solidement établie, quand un cyclone épouvantable, comme on n'en avait pas vu depuis longtemps, vint fondre sur l'île et tout renverser : églises, palais, usines et maisons particulières. C'était le 26 juillet 1825. Voici le récit partiel qui en fut fait par une des religieuses, témoins de l'ouragan :

« Nous étions toutes réunies avec les pensionnaires ; les unes avaient détaché les tableaux de la Sainte Vierge et les mettaient à leurs côtés, les autres tenaient leur chapelet, leur christ entre les mains, et toutes imploraient la miséricorde de Dieu... Tout à coup nous vîmes les portes se séparer du mur, et aussitôt le galetas tomba dans le dortoir. Nous prîmes le parti de nous sauver dans le jardin, ce qui n'était pas chose facile, car les tuiles voltigeaient de tous côtés. Cependant, comme il n'y avait pas à hésiter, les unes sortirent par la rue avec une partie des enfants, les autres par le jardin. Notre Mère et moi nous faisions passer les enfants qui restaient *et nous sommes sorties les dernières*. Notre Mère me donnait la main au milieu de la cour, lorsqu'une partie du toit est tombée sur nous. Je me baissai et pus parer le coup, mais notre Mère, qui était plus grande, le reçut à la tempe. Elle s'affaissa sur moi, puis, reprenant un peu ses sens, elle me dit : « Pourvu que je n'aie pas la douleur de vous voir mourir avant moi ! » — « Je n'aurai peut-être pas, ajouta-t-elle, le bonheur de revoir mes Sœurs ; mais si elles ne sont pas mortes et que vous puissiez les revoir, embrassez-les pour moi. » Elle me recommanda encore de remettre à ma Chère Mère Générale son chapelet et son christ, et m'ayant demandé mon chapelet, dont le christ était indulgencié pour la bonne mort, elle le prit, le baisa amoureusement, fit son acte de contrition avec une grande ferveur, puis commença à réciter les cinq *Pater* et *Ave* mais elle ne put finir. Une dernière fois elle fixa ses regards sur moi, puis, par un léger soupir, son âme s'exhala pour aller jouir, j'en ai la confiance, de la bienheureuse éternité. J'ai encore pu dire le *De Profundis*, mais je me suis trouvée mal un instant. Cependant le bon Dieu m'a donné le courage et la force de sortir de là et de pouvoir emporter le corps inanimé de notre Mère au milieu du jardin, sans cela j'aurais été écrasée par le reste du mur qui est tombé aussitôt après... La Providence se contenta d'une seule victime parmi nous : elle nous réservait d'ailleurs pour d'autres épreuves. »

L'établissement de la Martinique est de 1823. Embarquées à Bordeaux, le 3 février, les Sœurs envoyées dans cette colonie ne mirent pied à terre à Saint-Pierre que le 29 mars. Quelle ne fut pas leur déception! personne ne les attendait. Leur installation dans l'ancien monastère des Dominicaines n'aurait jamais pu avoir lieu sans l'énergie de la Supérieure, la R. M. Louise. Le préfet apostolique lui-même ne dissimulait pas son mécontentement. Une tentative de schisme analogue à celle de Bourbon fut le premier fruit de cette opposition. Le prélat aurait voulu réunir les Sœurs de Saint-Joseph de Cluny aux débris d'un ancien couvent d'Ursulines afin de le rétablir. La R. M. Louise était une religieuse pleine de foi, de droiture et d'obéissance. Elle aima mieux subir les plus dures épreuves plutôt que faire la plus petite concession nuisible à son cher Institut.

Dieu bénit sa fidélité ; l'ouverture des classes eut lieu, les élèves affluèrent. L'année suivante, l'administration coloniale, d'abord peu favorable, demanda à Paris un envoi de huit autres religieuses. La Mère Louise, ayant reçu les subsides nécessaires, dirigea elle-même les travaux d'agrandissement avec un plein succès.

Il existait à Saint-Pierre un établissement analogue à la maison de Saint-Denis près Paris, en faveur des filles des Chevaliers de Saint-Louis. C'était la *Maison Royale.* Elle prit, avec les Sœurs de Saint-Joseph de Cluny, une nouvelle importance par l'annexion d'un *orphelinat* au pensionnat; telle était invariablement on le sait, la condition mise par la V. Mère à toutes ses fondations. Ne pouvant se rendre aux Antilles pour en faire la visite, la V. Supérieure y députa celle qu'elle nommait sa *sainte* Sœur, la R. M. Marie-Thérèse, Supérieure de Cluny. Elle écrivait en même temps à la R. M. Louise : « La Providence s'est servie de nous pour faire une grande œuvre, et vous avez répondu à ses desseins en montrant beaucoup de courage et de fidélité dans les occasions périlleuses. Je suis consolée de votre zèle et je rends grâces à Dieu, qui emploie de pauvres créatures comme nous pour faire de grandes choses. Ayons donc soin de lui en rapporter toute la gloire, sans quoi nous serions en danger de faire tout pour le monde et rien pour le ciel... Mettons bien notre confiance en Dieu, comptons uniquement sur lui : alors il sera notre lumière, notre consolation et notre récompense. »

Deux autres établissements furent créés, l'un en 1826 aux froides îles de Saint-Pierre et Miquelon près de Terre-Neuve, l'autre en 1827 à Pondichéry, dans l'Indoustan.

De Bourbon, la R. M. Rosalie fut chargée de suivre cette dernière fondation qui fut marquée par la mort édifiante de deux jeunes et saintes religieuses, Sœur Séraphine Ducordeau, parente de la M. Clotilde Javouhey et Sœur Dorothée « l'ange de paix » de la maison, comme on l'avait surnommée. Cette dernière mourut en septembre 1833. « Je n'oublierai jamais, écrivit la M. Rosalie, de Pondichéry, à la V. M. Fondatrice, l'impression de joie toute céleste sur sa physionomie, lorsqu'on lui parlait de la mort et des miséricordes du bon Dieu ; il se faisait alors un embellissement dans ses traits qu'elle a conservé après sa mort. »

On ouvrit la tombe de Sœur Séraphine, décédée six ans auparavant, en 1827, pour y déposer la dépouille de Sœur Dorothée. Chacun pensait que le premier cadavre devait être entièrement consumé, sous un ciel dévorant. Effectivement la bière n'était plus qu'une poussière. Mais quelle ne fut pas la surprise générale de trouver le linceul, puis le voile et enfin la robe de la pieuse épouse de Notre-Seigneur, dans le même état que lorsqu'elle avait été mise dans son cercueil ! On souleva le voile rabattu sur son front ; il fut constaté que le corps restait intact et que les vers l'avaient respecté. Le préfet apostolique était dans l'admiration d'autant plus qu'aux Indes les fosses sont comblées de chaux vive aussitôt que les corps y sont descendus. Mais cette merveille n'étonna aucune des religieuses de la communauté, où Sœur Séraphine avait laissé une profonde édification. Sa tombe, qui devint aussi celle de Sœur Dorothée, fut la forte pierre d'assise de la maison de Pondichéry (1).

En 1844, un noviciat pour les religieuses indigènes fut établi à Karikal, sur la côte de Coromandel.

(1) Nous croyons devoir ajouter, sans préjuger en rien la décision de l'Église que d'autres faits plus extraordinaires encore, atribués à une chère et puisante intercession ont eu pour théâtre ce même établissement de l'Inde française.

Cette double fondation se complètera plus tard par d'autres établissements, à Mahé, sur la côte de Malabar ; au Bengale, à Chandernagor, et enfin au Maduré, sur la terre anglaise à Palamcottah, où l'on espère relever les ruines amoncelées sur la zone française.

Les sœurs de Saint-Joseph de Cluny dirigeront de 1898 à 1904 à Pondichéry une léproserie qu'elles créèrent presque de toutes pièces et qui fut pour plusieurs d'entre elles le champ d'honneur, où elles cueillirent la palme des élus. Dès l'année de la fondation, Sœur Elgisse Cayssials eut la joie de donner sa vie pour les cholériques. Elle avait appris que, non loin de la léproserie, le terrible fléau avait atteint une famille d'indiens. Il ne restait plus que les enfants ; les deux plus petits se roulaient sur le sable en proie à de vives douleurs. La digne fille de la V. M. Anne-Marie obtient la permission de voler à leur secours. Après leur avoir conféré le baptême, sœur Elgisse veut leur donner la potion habituelle et se met à frotter leurs membres glacés. On lui avait déjà dit auparavant, en la voyant frictionner avec tant d'ardeur les cholériques soit à l'hôpital, soit dans la banlieue : « Vous courez après la palme du martyre. — Oui, oui, répondait-elle gaîment, j'ai beau faire, la palme ne vient pas. » Elle la cueillit en ce jour. Atteinte du choléra le plus mauvais, elle mourut foudroyée. Sœur Elgisse n'avait pas encore 40 ans et était attachée depuis un an à la léproserie, dont elle aura été une des glorieuses victimes.

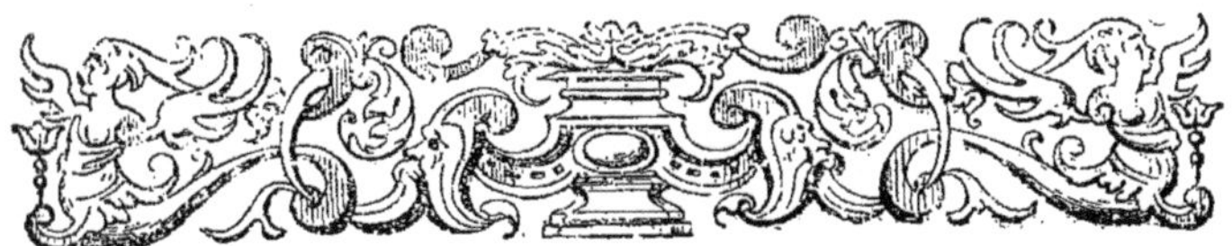

CHAPITRE VIII

Organisation de l'Institut.

Il est temps d'étudier l'organisation intérieure de l'Institut de Saint-Joseph de Cluny qui, pour rudimentaire qu'elle fut tout d'abord, lui donna la force de se répandre partout en France et de s'établir dans les pays d'outre-mer. Cette constitution ira s'affermissant d'année en année, mais l'esprit qui l'animait fut constamment le même. Nous le verrons plus loin, ce que la V. Mère chercha dès le début à inculquer à ses chères filles comme devant être le trait distinctif de sa famille spirituelle fut l'estime et la pratique de l'humilité, de la simplicité. Elle leur demandera toujours cette bonne rondeur — c'était son mot, on le sait, — cette affabilité, dont elle donnait elle-même l'exemple. Avec une telle Mère l'obéissance, le renoncement à soi étaient faciles. Aussi les règlements tenaient-ils en quelques pages. Le premier en date est de 1805.

Voici les principaux articles des *Statuts* que l'évêque d'Autun avait approuvés et qui furent présentés à Napoléon, au camp de Posen, le 12 décembre 1806 :

« Art 1. L'Association est formée de deux sociétés l'une d'hommes, l'autre de femmes, sous la direction d'un chef général, aidé de son conseil.

« Art 6. Les membres reçus font vœu de Pauvreté, de Chasteté, d'Obéissance et de dévouement à la jeunesse pendant tout le temps qu'ils demeurent attachés à l'établissement.

« Art 8. Le but de l'établissement étant l'instruction des pauvres, les orphelins délaissés seront reçus de préférence.

« Art 9. Les élèves ont cinq heures de travail des mains ; le reste de la journée est partagé entre l'étude, les exercices de la religion, les repas et les récréations.

« Art 10. Les hommes sont vêtus en brun et en noir ; les femmes en bleu avec un voile noir, et les élèves également en bleu.

Le nom de Saint-Joseph fut dès la première heure donné à la future Congrégation, mais il ne devint officiel qu'après l'érection canonique, le 12 mai 1807. Anne Javouhey s'était préparée à sa profession par une retraite de 10 jours, pieuse pratique qui devint dès lors une loi dans la Congrégation.

Un autre usage, qui fut le résultat heureux de la consécration de l'Institut au Sacré-Cœur, le 6 juin 1806, s'établit peu à peu dans les maisons et communautés de Saint-Joseph de Cluny, l'adoration du Saint-Sacrement le premier Vendredi du mois. L'influence que la dévotion au divin Cœur de Jésus exerça sur les membres de l'association lui donna ce cachet de simplicité humble et dévouée qui frappait tous les visiteurs, même les plus prévenus. Ecoutons un témoin de ce temps (1) : « Un ordre religieux ! dit l'intolérance philosophique en fronçant le sourcil, et l'on court s'assurer que les abus

(1) Abbé Simard *Anedoctes édifiantes*. La scène eut pour théatre l'ex séminaire d'Autun.

Intérieur de la Chapelle des sœurs de Saint-Joseph a Cluny, dans son premier état.

ont trouvé de nouveaux moyens pour se glisser en France d'où on croyait les avoir bannis. Mais l'intolérance est bientôt désarmée en voyant une partie de ces bonnes religieuses occupées à montrer à lire, à prier Dieu, à travailler à un essaim de pauvres petites filles qui n'ont l'air ni d'être effarouchées, ni d'être craintives à l'égard de leurs maîtresses.

« Les autres religieuses, disséminées dans le jardin et dans l'enclos, se livraient aux travaux rustiques : l'une trayait les vaches qui devaient leur donner un lait nourrissant ; l'autre, armée d'une bêche, retournait avec ardeur la terre à qui elle va confier de nouvelles semences : celle-ci récolte le foin, celle-là épanche le fumier, et toutes portent l'empreinte de la sérénité que donne toujours une bonne conscience. »

Quel était le règlement que suivaient les Sœurs de Saint-Joseph de Cluny — la société des Frères avait disparu — à Chalon, à Autun et dans les autres établissements fondés avant 1825 ? Celui-là même, sans aucun doute, que Mlle Javouhey avait présenté à l'évêque d'Autun en 1805 et qui était le fruit de son séjour dans l'ordre de Cîteaux. Nous ne pouvons en donner qu'une analyse succincte. Nous y lisons :

« La fin de l'Institut est d'aimer Dieu et de travailler à le faire servir, d'aimer en esprit et en vérité le prochain comme nous-mêmes. Nous devons nous rappeler sans cesse que nous sommes réunies en société pour vivre en bonne union .. afin de n'avoir qu'un cœur et qu'une âme, étant prêtes à tout souffrir et à travailler sans faire souffrir personne. »

« La nourriture doit être simple. Nous vivrons comme des pauvres qui conservent leur santé pour pouvoir travailler davantage afin d'élever leur nombreuse famille... Il ne faut pas venir en religion pour y trouver plus de commodités qu'on en aurait laissées chez soi, car

5

ce serait un grand abus... On habituera peu à peu à cette vie simple les personnes qui dans le monde auraient possédé de grands biens... »

« La propreté et l'arrangement doivent faire le plus bel ornement de la maison ; que la pauvreté, la simplicité paraissent dans les meubles comme dans le reste... S'il nous manque quelque chose, ce qui pourra arriver fort souvent, réjouissons-nous alors, car ce n'est point être pauvre que vouloir ne manquer de rien... En recevant les jeunes personnes qui se présenteront pour travailler à la gloire de Dieu dans cette Société, on ne manquera pas de leur dire qu'il faut qu'elles soient prêtes à aller en quelque lieu qu'il plaira à la Supérieure de les envoyer, pour travailler à la même œuvre et dans les endroits même où il n'y aurait pas de prêtres. »

L'ordre du jour était ainsi réglé : lever à 4 heures en été et à 5 en hiver. Un certain nombre d'usages empruntés à la règle cistercienne, méritent d'être signalés, quoiqu'ils n'aient pas tous été conservés à Saint-Joseph de Cluny. « Pendant le repas, la Supérieure ou son assistante rappellera la présence de Dieu par le son d'une petite clochette ; aussitot, la lectrice s'arrêtera ; toutes cesseront de manger et, les mains jointes, les yeux bas, se rappelleront la présence de Dieu pendant le temps de deux *Ave Maria*. A sept heures, le *Salve Regina*, comme à la Trappe... A huit heures et demie, les Sœurs s'assembleront pour le chapitre.. A neuf heures moins un quart, on se rendra à la chapelle pour faire son examen. Quand neuf heures sonneront, la supérieure frappera un coup et toutes se prosterneront la face contre terre... » La réunion quotidienne du chapitre cessa bientôt d'être possible aussi bien que cette touchante prostration des religieuses durant le *Miserere*. La récitation du *Salve Regina*, après la prière du soir, a pu seule être maintenue dans les maisons de Saint-Joseph de Cluny où les

Sœurs subissent toutes les exigences de la vie active.

Mais il n'y eut rien de retranché dans les pratiques de dévotion à l'égard de la Sainte Vierge, en usage dans l'Institut dès sa fondation. En 1818, on ajouta la récitation en français du *Psautier* de Marie, composé par saint Bonaventure et distribué pour tous les jours de la semaine par le P. de Gallifet.

Mgr Imberties, successeur de Mgr de Fontanges, avait conçu le dessein de modifier sur certains points les usages de la Congrégation quand la mort vint le frapper, et la petite Société poursuivit sa marche, sans trop de gêne, à l'aide de ses premiers règlements. Autorisée par le décret provisoire de 1806, elle le fut de nouveau par une ordonnance de Louis XVIII, en 1819, lorsque les Sœurs de Saint-Joseph de Cluny furent appelées à l'hôpital de Saint-Louis au Sénégal.

Cependant une chose manquait encore à l'Institut: l'autorisation exigée par la loi de 1825 sur les Congrégations de femmes. En raison de ses relations fréquentes avec les ministères de l'intérieur et des colonies, la V. Mère Javouhey sentait la nécessité où elle était de se conformer au texte législatif. Elle rencontra la plus grande bienveillance en Mgr Frayssinous, ministre des affaires ecclésiastiques et dans l'abbé Clausel de Coussergues, son ami. L'élaboration des nouveaux statuts qui devaient recevoir la sanction royale fut l'œuvre commune de Mgr de Vichy, le nouvel évêque d'Autun, et de Mgr Feutrier, évêque de Beauvais, qui possédaient l'un et l'autre dans leurs diocèses des établissements importants de la Congrégation. Tous les deux étaient des mieux qualifiés (1) pour faire aboutir les formalités administratives dont la conclusion fut les ordonnances

(1) On sait que Mgr de Vichy était pair de France et Mgr Feutrier Grand Aumônier.

rendues par Charles X (1) les 3 et 17 janvier 1827. La V. Mère fut heureuse de porter cette information à la connaissance de ses filles en France et dans les colonies. La reconnaissance officielle de l'Etat mettait bien, il est vrai, les Congrégations qui la sollicitèrent sous une tutelle gênante — puisse-t-elle ne pas se transformer en une main-mise absolue ! — mais du moins elle donnait aux Sœurs de Saint-Joseph de Cluny le moyen de s'étendre en paix à l'intérieur et de compléter leurs œuvres des colonies.

Les nouveaux statuts (2) reconnaissaient deux noviciats : l'un à Cluny, l'autre à Bailleul-sur-Thérain. Dans la pensée de la V. Mère c'était un acheminement à un projet qui lui tenait fort à cœur : la création à Paris d'un noviciat central alimenté par d'autres maisons de formation qui seraient établies sur divers points. On verra combien fut lente et pénible l'exécution de cet ardent désir de son cœur. Pour le moment la V. Fondatrice donne toute son attention au texte d'une nouvelle règle. Une première ébauche en avait été faite en 1823 par M. Gondin, missionnaire tout dévoué à la Congrégation de Saint-Joseph de Cluny et qui en connaissait bien l'esprit. M. Gignoux, futur évêque de Beauvais, s'y employa également. Quand la nouvelle rédaction fut terminée, on la soumit à la sanction de Mgr de Vichy qui l'approuva en la revêtant de sa signature, le 29 décembre 1827.

Le gouvernement de l'Institut restait confié à une Supérieure générale, élue pour six ans et assistée par un Conseil qui devait se réunir à Cluny, une fois chaque mois. C'était à la vérité une petite chambre

(1) La R. M. Rosalie avait été présentée à ce prince, à Chalon, lorsqu'il n'était encore que comte d'Artois. Elle avait conservé un souvenir ému de son affabilité.

(2) Petit livret in-18 orné d'une gravure. Beauvais, chez Desjardins.

de députés trop en permanence, selon le mot du gouverneur du Sénégal, mais, ajoutait-il, « il faut marcher avec son siècle ».

La V. Mère Javouhey, accepta de grand cœur tout ce qui avait été statué d'autant qu'elle connaissait le bon esprit de ses Conseillères ; toutes ne pensaient et ne voyaient que par elle, bien qu'elle fût toujours disposée à recevoir un conseil. C'était bien le *cor unum et anima una* des premières années, qui restera le cachet particulier des Sœurs de Saint-Joseph de Cluny.

Le travail de M. Gondin qui fut en partie inséré dans le texte définitif a prescrit la pratique salutaire des retraites annuelles, faites en commun dans les maisons les plus centrales de l'Institut. Un jour de récollection chaque mois, pour la préparation à la mort, devint aussi un point de la règle de 1827.

C'est dans cette édition que se trouvent indiquées pour la première fois les principales fêtes et dévotions observées dès les premiers temps dans l'Institut.

« 1° La Congrégation de Saint-Joseph est sous la protection spéciale du Sacré-Cœur de Jésus, de la Très Sainte Vierge, de saint Joseph et de sainte Thérèse.

« 2° Les grandes fêtes de la Congrégation sont : la fête du Sacré-Cœur de Jésus ; la Présentation de la Sainte Vierge, le 21 novembre ; la fête de saint Joseph, le 19 mars ; de sainte Thérèse, le 15 octobre, et de saint Martin, le 11 novembre. Le Très Saint-Sacrement sera exposé ces jours-là, dans les chapelles, et on fera l'office.

« 3° Tous les mercredis, les Sœurs doivent réciter les litanies de saint Joseph, glorieux patron de la Congrégation.

« 4° Tous les premiers Vendredis de chaque mois, les Sœurs tâcheront de communier en l'honneur du Sacré-Cœur de Jésus, afin de gagner l'indulgence plénière de l'Association de Rome, à laquelle les Sœurs pourront être agrégées ».

Le règlement journalier resta le même qu'auparavant. Il prescrivit en outre un silence rigoureux, non seulement depuis la prière du soir jusqu'au lendemain après la messe, mais encore de onze heures à midi, et le soir de cinq à six. Pendant le jour, les Sœurs ne devaient parler, hors des récréations, qu'à voix basse. Les trois vœux de religion sont déterminés d'une manière plus précise, quant à leur objet et quant au mode de les accomplir. Citons ce qui regarde l'obéissance : « Les Sœurs recevront leurs emplois comme venant de la main de Dieu ; elles partiront pour les colonies, en reviendront, changeront de maison, sans se permettre le moindre murmure intérieur ou extérieur, rien n'étant plus agréable à Dieu que ce renoncement total. »

Les prescriptions sur la charité fraternelle se terminent par cette belle pensée : « Chacune des Sœurs contribuera de tout son pouvoir à ce que la maison qu'elle habite soit semblable à la maison de Nazareth où une charité parfaite unissait Jésus, Marie et Joseph. »

La distinction entre Sœurs de chœur et Sœurs converses a toujours existé dans l'Institut de Saint-Joseph. La règle de 1827 énumère les vertus qui sont spéciales à ces dernières : la simplicité, l'obéissance et l'amour du travail. « Elles s'estimeront heureuses d'être employées à des occupations qui ne flattent pas l'orgueil et de ressembler à N.-S. qui a bien voulu se faire le dernier de tous et qui a dit : « *Je suis venu pour servir moi-même et non pour être servi.* »

Mais « elles seront regardées dans tout l'Institut comme de véritables Sœurs et on aura pour elles les mêmes égards que pour les Sœurs de voile... »

Le petit volume renferme quelques règles pratiques pour l'éducation des enfants, le soin des malades et des conseils pour les voyages, indispensables à des religieuses sans cesse exposées à voler aux quatre coins du monde.

Les jeunes filles qui se présentent à Saint-Joseph de Cluny appartiennent le plus souvent, comme les RR. Mères fondatrices, à la classe moyenne de la société. Mais qu'elles soient issues de familles terriennes ou qu'elles aient été élevées dans des centres industriels, elles sont reçues avec la même cordialité, pourvu qu'elles soient elles-mêmes remplies de bonne volonté.

Nous savons que la V. Mère Fondatrice n'exigeait rien de plus des jeunes personnes du Rouergue et d'ailleurs qui se présentaient à elle. Mais, pour être sortable, cette bonne volonté doit revêtir certaines garanties que la règle a précisées : réputation intacte, famille honorable, bon caractère, jugement droit, extérieur décent.

Nous nous bornons à cette rapide analyse des Constitutions qui restèrent en vigueur tant que vécut la V. Mère Javouhey. Nous allons bientôt la voir s'opposer de toute son énergie à certaines innovations que le nouvel évêque d'Autun, Mgr d'Héricourt, voulait introduire dans les statuts de 1827 et qu'elle jugeait incompatibles avec les intérêts vitaux de la Congrégation.

Mgr de Marguerye, qui succéda à Mgr d'Héricourt sur le siège d'Autun, donna en 1853 aux Sœurs de Saint-Joseph de Cluny une règle et un directoire (1) ; mais « on conservait, dit-il, des anciens règlements qu'avait laissés le zèle de la Vénérée Fondatrice tout ce qui pouvait s'harmoniser avec les besoins de la Congrégation. »

Il n'ignorait pas du reste les instructions de Rome et ne voulut pas se prévaloir de son titre de Supérieur

(1) Deux volumes in-18 édités à Autun. Dejussieu, 1853.

général inscrit dans la règle et non autorisé par le droit ; grâce à la douceur de la R. M. Rosalie le fameux litige allait donc enfin être tranché et l'Institut approuvé par le décret du 8 février 1854, modèle de ceux qui furent ensuite rendus en cette matière.

Disons encore, au risque de commettre un anachronisme, que le Chapitre général se mit dès lors à préparer les Constitutions définitives qui devraient être soumises au S. Siège.

Ce travail dura dix ans et, en 1887, parut une première édition (1) *ad experimentum et ad decennium.* Au bout de cette nouvelle période de dix années, le Chapitre général indiqua les modifications de détails qu'il désirait. Le S. Siège de son côté précisa certaines retouches pour mettre le texte en parfaite conformité avec la législation canonique la plus récente.

Les « Constitutions de la Congrégation des Sœurs de Saint-Joseph de Cluny » seront le fruit de cette double et lente élaboration. Mais dès aujourd'hui, la situation de l'Institut est absolument régulière. Du reste le nouveau texte est peu différent de celui de 1887.

(1) Imprimée à Solesmes en format in-16, ainsi que le *cérémonial* 1889.

CHAPITRE IX

Premier séjour de la V. Mère à la Guyane.

Orphelinats, ouvroirs, hospices, dispensaires, pensionnats, écoles en France et par delà les mers, la V. Mère acceptait tout et réussissait à tout. Le gouvernement de Charles X n'eut, nous l'avons vu, aucune peine malgré l'opposition soi-disant libérale, d'accorder à la Congrégation de Saint-Joseph de Cluny l'autorisation légale. De leur côté, les évêques d'Autun et de Beauvais, Mgr de Vichy et Mgr Feutrier avaient approuvé, nous le savons aussi, de nouveaux statuts pour remplacer ceux de 1806, devenus insuffisants devant le merveilleux développement que Dieu donnait à l'œuvre de la V. M. Javouhey. « Mais, dit le P. Rouvier, les grands succès obtenus jusque là allaient être rejetés dans l'ombre par une tentative inouïe dans les annales de la colonisation française, et dont l'heureuse issue devait être l'impérissable honneur de la Mère Javouhey et de Cluny (1)». Nous voulons parler de l'œuvre de la Guyane.

(1) *Loin du pays.*

Tous les essais de l'administration pour rendre à cette colonie son ancienne prospérité avaient échoué. Des établissements créés à grands frais, aucun n'avait donné de résultats satisfaisants ; une ville déjà fondée, la Nouvelle-Angoulême, n'avait eu qu'une durée éphémère. M. de Chabrol, ministre de la marine, offrit alors la colonie de Mana à la V. Mère. Celle-ci formula son plan et exposa nettement ses idées sur l'œuvre à établir.

Elle voulut prendre le temps d'étudier dans tous ses détails l'œuvre que le ministère de la marine lui confiait. Son but fut de créer, à l'aide et sous la direction de ses religieuses, des établissement où de nombreux orphelins seraient formés au travail et aux bonnes mœurs, pour qu'ils puissent fonder plus tard à leur tour des familles chrétiennes.

Forte de l'intime conviction qu'elle allait travailler à l'établissement du règne de Dieu au milieu des malheureux Indiens et soutenue par une grâce spéciale elle partit, sans se souvenir des fièvres du Sénégal, avec 40 Sœurs, le 26 juin 1828, pour arriver à Cayenne au mois d'août. Dès qu'elle eut mis pied à terre, elle fit partir pour Mana quelques-unes de ses religieuses afin que tout fût prêt quand les immigrants y arriveraient. Elle-même prit possession de l'établissement accompagnée de vingt-cinq jeunes noirs et autant de jeunes négresses. Les premiers devaient être employés, les uns aux travaux de défrichements sous la conduite des colons, les autres à la culture des terres. Les femmes et les jeunes négresses s'employaient aux travaux du dehors, dont la direction était confiée aux Sœurs converses qui y prenaient leur part avec dévouement. A peine installée à Mana on la vit présider à tout, tracer des rues, répartir le travail, surveiller les constructions, diriger le défrichement, les ateliers et les cultures. »

Elle avait amené de France avec elle cinquante colons dont quinze ouvriers « bien choisis, écrit-elle, pour les métiers les plus utiles. » Je visite leurs chantiers quatre *fois par jour* et même plus ; je commence par les menuisiers et les ébénistes ; je passe chez les tourneurs, j'entre chez les sabotiers, ce qui me conduit chez les cordonniers ; je visite les charpentiers, en même temps les scieurs de long ; je vais à la forge, ensuite chez les serruriers et chaudronniers. Quand j'ai fait la visite des arts mécaniques, je reviens aux cultivateurs, là je me trouve dans mon centre. Je vais tout d'abord voir les jardiniers, puis les laboureurs ; après avoir visité les travaux des hommes, je viens me reposer près du chantier de mes Sœurs qui ne le cède en rien à celui des hommes. C'est avec ces bonnes Sœurs que je sarcle, que je plante des haricots et du manioc, que je sème du riz, du maïs, etc. en chantant des cantiques, racontant des histoires, riant de bon cœur, mais regrettant que nos Sœurs de France ne partagent pas notre bonheur.....

« Notre solitude est arrosée par deux belles rivières navigables pour les bâtiments ; elles sont aussi très poissonneuses. Non loin de notre habitation, se trouvent de magnifiques forêts qui renferment des bois de différentes couleurs, et qui feraient la richesse du pays si elles étaient exploitées. Tout près de nous sont des savanes ou prairies ayant cinq lieues de long... Déjà nous avons plus de 300 têtes de bétail dans nos prairies, qui pourraient en nourrir de 1000 à 1500, sans avoir besoin de récolter ni foin ni paille. On n'a la peine que d'ouvrir et de fermer les parcs pour les bestiaux, puis de veiller à la naissance des petits. Tout est gras et en bon état. Nous vivons ici comme les anciens solitaires de la Thébaïde ; nous ne connaissons plus l'argent ; on trouve sur le sol tous les besoins de la vie. Un joli bâtiment et huit belles embarcations, grandes et petites, font le voyage de Cayenne pour notre service. Que vous dirai-je encore ? Il serait difficile de faire davantage en si peu de temps. Chacun est content, que peut-on désirer de plus ? Mon Dieu ! que de personnes malheureuses en France trouveraient ici une existence paisible, heureuse et chrétienne... Nous ressemblons aux anciens patriarches, nos richesses sont en troupeaux. Nous pourrons vivre dans la simplicité primitive, puissions-nous imiter l'innocence de leur vie ! »

La petite colonie ayant pris une marche régulière, la V. Mère crut qu'elle pouvait s'absenter et visiter ses Sœurs des Antilles qui, la sachant non loin d'elles, la suppliaient de se rendre à leurs instances. Elle mit deux mois à faire cette visite qui la remplit de consolation, à la Guadeloupe à la Martinique en particulier.

Rentrée à Mana, elle eut la joie de pouvoir construire une église, un hôpital, un couvent, une école ; mais les prêtres, peu nombreux dans la colonie, ne pouvaient faire que de rares apparitions. A la fin, un prêtre du diocèse d'Autun, M. Violot, se fixa à Mana ; ce fut pour le grand bonheur de la V. Mère. Ellle écrit : « Nos Sœurs ont appris le plain-chant en six mois, aussi les offices divins se font comme dans une cathédrale ».

Mais hélas ! le gouvernement de Juillet ne devait pas tenir les engagements pris avec les précédents ministères ; toutes les subventions allaient être supprimées. Déjà une sourde opposition dont la jalousie était l'unique cause, se manifestait dans l'administration coloniale. A l'aisance succéda la noire misère, mais quelles que fussent ses angoisses et ses déceptions, rien ne put ébranler la confiance que la sainte fondatrice avait mise en Notre-Seigneur. « La croix, disait-elle, n'est-elle pas plantée sur tous les chemins par où passent les serviteurs de Dieu ? Je m'estime mille fois heureuse d'être de ce nombre. »

La V. Mère s'apprêtait à consolider son œuvre de Mana que le conseil colonial, gagné aux idées avancées, ne cessait de combattre au ministère, quand la Révolution de 1830 vint à éclater. Aux témoignages de bienveillant intérêt que le gouvernement de Charles X donnait aux entreprises de la dévouée Supérieure succédèrent les marques d'une indifférence complète.

Le nouveau ministre de la marine, M. de Rigny, informa la V. Mère « qu'elle ne devait plus espérer aucune assistance de son département. » C'était la ruine de l'œuvre en perspective. L'infatigable Servante de Dieu ne s'en émut pas. Son grand cœur semblait se dilater davantage à mesure que les difficultés de faire le bien se multipliaient. Comme tous ceux qui avaient traversé la grande Révolution, elle craignait d'en voir reparaître les malheurs et les attentats contre la religion. Déjà dans son esprit elle apercevait les Congrégations religieuses spoliées et dispersées, le clergé séculier obligé de s'expatrier. Elle voulut fournir un asile assuré aux prêtres et aux religieux proscrits. Mana acquérait ainsi, à ses yeux, un nouveau prix pour l'Eglise de France, et si la Guyane française n'était pas inviolable, l'état voisin, colonie Hollandaise, offrait toute sécurité. « En attendant, écrit-elle, nous sommes prêts à recevoir tous ceux qui veulent conserver la foi de nos pères et servir le Seigneur en esprit et en vérité. Nous sommes loin des révolutionnaires, sur la frontière d'un pays étranger et catholique (1). Nous aurons des vivres pour trois cents personnes, car nous pouvons les augmenter à proportion des besoins. » C'était le Séminaire du Saint-Esprit qui la préoccupait le plus. Elle préparait toutes choses à Mana « pour y recueillir les débris du sacer-

(1) On sait que les Guyanes furent à la fin du XVe siècle colonisées par les Espagnols et les Portugais qui se firent suivre par des missionnaires catholiques.

doce ainsi que pour y élever les jeunes gens que le bon Dieu destinerait à soutenir la religion persécutée (1) ». Quant aux Sœurs de Saint-Joseph de Cluny, « nous sommes disposées, dit-elle à recevoir toutes celles qui voudront venir, les vivres sont préparés, les logements aussi. »

Ses craintes, heureusement, ne se réalisèrent pas. Le clergé de France et les Congrégations religieuses purent conserver leur situation et continuer leurs œuvres de zèle et de charité. L'apaisement se fit peu à peu. Les communautés d'outre-mer furent plus exposées que celles de France. Aux Antilles, à la Guyane, les noirs enflammés par des promesses imprudentes tentèrent de réduire en cendres un grand nombre d'habitations ; à la fin, le gouvernement mieux inspiré comprima toutes les violences et le calme se fit partout.

L'ancienne île de France, aujourd'hui île Maurice, tombée au pouvoir de l'Angleterre en 1810, enviait depuis longtemps à l'île Bourbon, sa voisine, les Sœurs de Saint-Joseph de Cluny pour l'éducation de ses enfants. Ce projet ne put aboutir. L'île de la Trinidad, également possession Anglaise fut plus heureuse. Cette fondation est due à la bonne renommée des écoles tenues aux Antilles françaises par les filles de la M. Javouhey. Ce furent en effet les Sœurs qui avaient fait leurs preuves au nouveau pensionnat de la Martinique, à Saint-Pierre, qui furent désignées pour cette nouvelle œuvre, due au zèle de la R. M. Marie-Thérèse. La V. Mère jetait encore ses regards sur la grande île de Saint-Domingue ou Haïti. Il faudra attendre plusieurs années pour exécuter ce dessein si cher à son cœur, parce qu'il se rattachait au

(1) La B. Barat eut les mêmes projets pour la Suisse où elle s'était retirée après la révolution de Juillet.

grand projet de créer une société de missionnaires spécialement destinés à l'évangélisation des noirs.

Elle était au même moment vivement pressée par ses filles de France de venir reprendre le gouvernement de sa Congrégation, d'en surveiller les progrès et de lui imprimer un nouvel élan. Mais elle ne voulut partir qu'après avoir mis la dernière main à une œuvre éminemment charitable, la léproserie qui n'existait que de nom. Elle fit construire, non loin de Mana, un asile pour tous ces malheureux, et ses filles se disputèrent le périlleux honneur de les servir, préludant ainsi d'un demi-siècle, dans l'obscurité de l'abnégation, à l'héroïque dévouement du P. Damien de Molokaï.

Elle se décida enfin à s'embarquer. Elle fit escale aux Antilles où le clergé, le gouvernement, la population l'accueillirent avec enthousiasme. Elle revit la terre de France au milieu d'août 1833. Sa consolation fut immense de voir régner dans toutes ses communautés la paix, l'union et le bon ordre. C'était le fruit des efforts et des grandes vertus des RR. Mères Marie-Joseph, sa troisième sœur et Clotilde, sa nièce, auxquelles elle avait laissé, à Breteuil, la direction de l'Institut pendant son absence.

Les règlements de 1827 fixaient à une période de six années les pouvoirs de la Supérieure générale ; elle les déposa humblement au chapitre qui fut tenu à Cluny, le 15 octobre 1833, et qui la confirma à l'unanimité dans sa charge, comme nous le verrons bientôt.

De Cluny, elle se rendit à Chamblanc où elle ne s'était montrée qu'une fois, en 1827, lorsqu'elle jeta la base d'une fondation vivement désirée par son bon cœur. En 1833, la V. Mère venait prier et pleurer sur la tombe de son père et de sa mère, morts tous les deux pendant ses voyages en Afrique et en Amérique. Sa première visite fut à sa vieille église où M. le Curé avait fait préparer un prie-Dieu à son intention. Mais elle alla tout droit au banc de famille, désormais vide, hélas ! Le vide était le même à la maison paternelle ; ses religieuses avaient, par délicatesse, tout laissé en place. Leur salle de communauté n'était autre que l'ancienne chambre de Nannette et de ses sœurs. Anne-Marie retrouva donc toutes ses images de piété, jusqu'à ses anciennes statuettes de saint Pierre et de sainte Thérèse. Mais quand elle pénétra dans la chambre de son père et de sa mère, l'émotion la gagna ; elle tomba à genoux. La vieille statue en bois peint de la Sainte Vierge et de l'Enfant Jésus, devant laquelle elle avait tant prié dans son enfance, était toujours dans la niche vitrée. Que de pieux et chers souvenirs se pressaient alors dans son cœur !

Tous les habitants du village l'attendaient. Chaque maison voulut la posséder un instant. Avec quel entrain elle raconta à ses chers compatriotes les détails de ses travaux à Mana, il est facile de le deviner.

Les jeunes filles de Chamblanc et des environs se présentèrent en grand nombre, toutes avides de se dévouer au bien des âmes dans les pays où l'obéissance les enverrait.

Mais revenons à Cluny.

CHAPITRE X

Le conflit d'Autun.

Mgr d'Héricourt avait succédé, sur le siège d'Autun, le 15 août 1829, à Mgr de Vichy, vieillard vénérable, mais qui avait laissé dans son vaste diocèse une immense tâche à remplir. Le nouvel évêque s'y consacra avec toute l'ardeur de la jeunesse, le zèle de la piété la plus vive et les ressources d'une grande fortune. Il se montra de suite heureux de posséder dans son territoire la Maison-Mère et le Noviciat des Sœurs de Saint-Joseph de Cluny dont le beau renom emplissait déjà le monde catholique tout entier.

La voie où s'avançait la V. M. Javouhey d'un pas si résolu n'était pas commune ; elle pouvait même paraître toucher à la témérité ou tout au moins faire frémir la prudence humaine. Prélat rompu aux affaires, Mgr d'Héricourt se montra de suite un administrateur avisé et plein d'énergie. Il résolut de ne rien laisser en dehors de sa vigilance pastorale et, pour répondre à la voix de sa conscience, de s'assurer de la bonne direction de l'Institut de Saint-Joseph. En sa qualité d'Ordinaire de la Maison de Cluny, il se prit — ce fut là son erreur — pour le Supérieur général d'une Congrégation qui s'étendait bien au-delà des limites de son diocèse. En conséquence il prétendit modifier les premiers statuts approuvés par ses prédécesseurs sur le siège d'Autun.

Dès son retour de la Guyane, la V. M. Javouhey s'était rendue, comme nous l'avons dit, à Cluny où elle avait convoqué le Chapitre général de la Congrégation. Les règlements de 1827 limitaient les pouvoirs de la Supérieure à une durée de six ans. A la rigueur cette loi n'était pas faite pour elle, mais l'humble religieuse ne voulut pas bénéficier de son titre de fondatrice. Elle fut réélue presque par acclamation, le 15 octobre 1833, au jour de la fête de sainte Thérèse, l'une des protectrices de sa Congrégation.

Une seconde assemblée capitulaire fut annoncée pour le 29 avril 1835, à l'effet d'élire les Conseillères. Mgr d'Héricourt vint présider en personne ce nouveau Chapitre et profita de l'occasion pour proposer les statuts qu'il avait élaborés lui-même. Il trouva une résistance qu'il avait prévue sans doute, mais dont il espérait triompher. La V. M. Supérieure se laissa gagner tout d'abord. Après un instant de surprise, elle se rendit à l'avis de son conseil nettement oppposé à toute innovation. « Je mourrai, déclara-t-elle, appuyée sur nos anciens statuts » et sa résolution fut inébranlable. Sa conviction intime était qu'elle accomplissait en cela la volonté de Dieu. « Il est le Maître, ajoutait-elle, il pouvait choisir des rois, des évêques, des prêtres et n'a voulu que de pauvres filles ignorantes, afin que les hommes reconnaissant le doigt de Dieu lui en rapportent la gloire. Tout ce qui sera changé aux statuts approuvés deviendra une source de troubles et de chagrins. Si

Mgr d'Autun obtenait ce qu'il désire, vous verriez bientôt autant de sociétés que de diocèses et de colonies. »

Elle ajoutait :

« Mgr d'Autun désire qu'il n'y ait qu'un noviciat et qu'il soit à Cluny ; l'évêque de Beauvais le veut à Bailleul, avec un Supérieur temporel qui dirige les dépenses et les recettes de l'Institut. Mgr l'Archevêque de Paris pense que la suprématie lui revient de droit... »

Même après l'échec de ses projets sur Cluny, l'Evêque d'Autun parlait et agissait en Supérieur de la Congrégation des Sœurs de Saint-Joseph de Cluny. Il ne voulut cependant pas demander la suppression du noviciat de Bailleul sans en référer à la Supérieure générale. Celle-ci lui répondit d'user d'indulgence vis-à-vis de pauvres religieuses qui avaient besoin de toute leur confiance dans la direction qu'elles avaient suivie jusqu'à présent et que Dieu semblait avoir bénie. Elle continue : « Dans ma juste humilité, je sens, plus que je ne pourrais le dire, que je n'ai rien fait par moi-même pour la prospérité de notre Congrégation ; que tout nous vient de la bonté divine, et que je n'ai été qu'un instrument indigne et passif de sa volonté sainte et providentielle.

« Je fais abnégation detoute pensée personnelle, mais il me semble qu'abandonner, changer légèrement et si vite les voies que Dieu nous a ouvertes et qui nous ont si bien réussi, ce serait de notre part de la témérité et presque de l'ingratitude.

« Monseigneur, soyez bon comme il convient aux forts ; compatissez à notre faiblesse, descendez jusqu'à notre infirmité et consentez, dans votre bienveillance, à ce que nous ne précipitions rien. La responsabilité que vous voulez m'imposer est, quant à présent, au-dessus de mes forces ; permettez que mes Sœurs la partagent avec moi ; que le Conseil et le Chapitre examinent de nouveau et décident la question. Le Saint-Esprit ne refusera pas sans doute à nos prières de nous éclairer et de lever les scrupules de nos consciences. Un retard dans l'approbation que vous vous proposez ne peut avoir aucun inconvénient.

« Provisoirement, dans le désir de vous prouver combien il me serait doux de me conformer en tout à vos intentions, je pourvoirai à ce qu'il ne soit plus reçu de novices que dans la maison de Cluny. »

Citons ici textuellement le premier historien de la V. Mère, le R. P. Delaplace :

« Cependant la question des nouveaux statuts introduits par Mgr d'Autun restait toujours pendante. Pour en finir la pieuse Mère conçut le dessein, et c'était aussi l'avis de plusieurs membres du Chapitre, d'aller chercher lumière et solution pacifique à Rome, au pied de cette Chaire apostolique qui sauvegarde tous les droits et parle avec autorité dans toute l'Eglise. Malheureusement des complications d'affaires, de grands projets à réaliser prochainement, et qui l'eussent absorbée tout entière, à défaut de la question d'Autun, ne lui laissèrent guère le loisir d'entreprendre ce voyage. Ce fut un malheur, si, toutefois, nous pouvons parler ainsi. Car la V. Mère vit dans ces empêchements un indice de la divine Providence, et en prit occasion de se jeter avec une confiance d'autant plus grande entre les bras du Seigneur, répétant cette parole du grand apôtre, dans laquelle elle puisait toujours une grande force : « *Si Deus pro nobis, quis contra nos* ? Si Dieu est pour nous, qui donc sera contre nous ? (1) »

Tel est le fond du débat qui eut, à la confusion de la pauvre Mère, un grand retentissement dans le diocèse et dans les diverses maisons de l'ordre, mais on n'eut à déplorer aucune défection. D'autre part, les Sœurs de

(1) Cf. *La R. M. Javouhey*, tome II p. 201.

Saint-Joseph de Cluny acceptèrent toutes avec reconnaissance la douce obligation que leur fit l'évêque d'Autun, en cette occasion, de réciter chaque jour l'office de la Sainte-Vierge. Ce pieux usage fut inauguré le 15 août 1835, à la fête de l'Assomption (1).

Quant au reste, rien ne fut innové, d'autant que la jurisprudence ecclésiastique, sur ce point de discipline, était loin d'être définie comme elle l'est aujourd'hui. Les deux noviciats de Cluny et de Bailleul (2) furent conservés. L'unité de formation tant réclamée par Mgr d'Héricourt n'en avait jamais souffert et en souffrit moins encore. La V. Mère tint, sur les conseils du vigilant prélat, d'une main plus ferme qu'auparavant s'il se peut, le gouvernail de sa grande famille. Elle avait l'expérience des tentatives de schisme et savait y opposer des mesures préventives énergiques. Rien ne lui inspirait plus de pitié que les tiraillements qui se produisent quelquefois dans les Congrégations religieuses. Ses filles pensaient de même. L'Institut fermement établi sur les bases de la charité et de l'obéissance ne se laissa pas ébranler par cette grande épreuve et continua paisiblement sa marche en avant.

Sur ces entrefaites, une commission parlementaire avait été nommée au ministère de la marine pour étudier la grosse affaire de l'abolition de l'esclavage des Noirs, mise à l'ordre du jour par la Révolution de 1830. Le rapport qui fut déposé était l'œuvre, aussi remarquable pour le fond que pour la forme, de M. de Lamartine. Citons quelques extraits de ce rapport qui porte la date du 21 juin 1835.

(1) On demanda alors à la V. M. pourquoi au début de la Congrégation elle s'était contentée du petit psautier de S. Bonaventure traduit en français — C'est qu'alors nous ne savions pas même lire le latin, répondit-elle humblement.

(2) La Maison de Bailleul-sur-Thérain resta ainsi pendant dix-huit ans le centre des affaires de la congrégation. Mais elle perdit cette importance lorsque la Maison-Mère eut été transférée à Paris.

..... « Des essais de colonisation, dirigés par Mme Javouhey, sous les auspices du gouvernement, en 1828, attestent par leurs succès, l'efficacité du système de cette femme supérieure et l'empire qu'elle a su prendre par la seule influence de son caractère et de son esprit de bienveillance, sur les noirs confiés à sa direction. »

Et comme preuve de ce qu'il avançait, M. de Lamartine ajoutait : « La tentative de colonisation faite par Mme Javouhey au moyen de cultivateurs blancs avait échoué en partie ; mais reprise aussitôt avec des noirs qui passaient pour les plus mauvais sujets de la colonie, et dont la plupart étaient des repris de justice et d'autres des marrons, elle a eu succès complet. La conduite de ces nègres n'a donné lieu à aucun reproche, et ils sont devenus, sous l'influence du régime doux, charitable et religieux auquel les soumet Mme Javouhey, des hommes honnêtes, paisibles et laborieux. — Un autre fait du même genre, non moins concluant, peut être encore cité. Les noirs lépreux de Cayenne, au nombre de quatre-vingt-neuf, étaient relégués et presque abandonnés dans l'île du Salut, inhabitée, aride, sans eau douce, sans bois et sans culture. Quand le vent et la mer le permettaient, on leur portait les pauvres provisions strictement nécessaires à leur subsistance ; du reste, nul secours pour leurs maux physiques, nulle consolation morale ou religieuse. On ne peut concevoir une existence plus douloureuse, plus misérable que n'était la leur. Aujourd'hui par les soins des Sœurs de Saint-Joseph, ces infortunés, transférés sur les bords de la Mana, y retrouvent une vie d'hommes, de l'eau, de la verdure, l'ombre des grands arbres, un logement sain, des aliments frais, une pêche abondante et facile. Ils reçoivent des Sœurs tous les soins que leur état comporte ; on les console, on les encourage, on les instruit ; leur apathie, leur inutilité a fait place à des travaux proportionnés à leurs forces ; ils se livrent à la culture, ils entretiennent des relations morales et sociales ; et cette petite colonie, que la charité seule pouvait fonder, n'offre plus rien de pénible au cœur et aux yeux, que le spectacle d'infirmités incurables adoucies par des mains bienfaisantes. »

Restait à obtenir la sanction royale. Ce fut l'objet d'un nouveau rapport de l'amiral Duperré, en date du 14 août 1835. Le passage suivant ne sera pas lu sans intérêt : « On sait, dit le ministre, que les ordres religieux qui existaient autrefois dans nos colonies d'Amérique y possédaient des habitations où les esclaves étaient traités avec une grande douceur ; le marronage y était, pour ainsi dire, inconnu et les naissances y compensaient les décès. Ces ordres ont disparu ; mais il subsiste en France, des Congrégations de femmes qui ont aux colonies de nombreuses succursales. C'est à l'une de ces Congrégations, connue sous le nom de Saint-Joseph de Cluny, qu'il est désirable de confier le soin des libérés et celui d'accomplir leur émancipation morale et intellectuelle. Depuis plusieurs années, Madame Javouhey, Supérieure générale de cet Institut, s'est occupée spontanément de l'éducation des noirs ; c'est ainsi qu'elle a fait venir du Sénégal et qu'elle a élevé, à ses frais, dans la maison de Limoux (1), des jeunes noirs de l'un et de l'autre sexe, et qu'elle a formé, dans toutes nos colonies, des maisons d'éducation justement estimées.

« C'est encore sur elle que le gouvernement dans la juste confiance qu'elle lui inspire, a compté, en 1828, pour continuer l'entreprise de la colonisa-

(1) Les garçons furent d'abord installés à Bailleul. C'était une sorte d'école spéciale que la V. Mère voulait fonder. Là se formeraient dans sa pensée selon les aptitudes et les vocations, soit des séminaristes, soit des instituteurs qui, rentrés dans leur pays aideraient à la réforme des mœurs et seraient d'un grand secours pour la foi et la civilisation.

tion commencée sur les bords de la rivière de Mana. Madame Javouhey a montré dans la direction de cet établissement, un grand esprit d'ordre et de persévérance à toute épreuve. Elle a su prendre et conserver sur les travailleurs blancs, comme sur l'atelier noir, une autorité d'autant plus respectée qu'elle était toujours accompagnée de bienveillance... ».

Ce discours était un éclatant hommage au bien que les Sœurs de Saint-Joseph de Cluny avaient accompli au Sénégal et à la Guyane. « C'était quelque chose de plus flatteur encore, dit le P. Rouvier, pour la troisième fois le gouvernement appelait la Mère Javouhey à son aide. »

Il s'agissait de rendre à la liberté plus de 500 esclaves trouvés sur les négriers capturés par la marine royale. Comment briser leurs fers, les former à la vie domestique et les initier à la civilisation ?

Le conseil colonial se déclara impuissant. Le nom de la R. M. Javouhey fut aussitôt mis en avant. Malgré ses 56 ans, l'intrépide religieuse se disposa à partir de nouveau pour cette œuvre dont le succès paraissait douteux aux meilleurs esprits. Le préfet apostolique déclara lui-même qu'il sera, à ses yeux, un aussi grand prodige que la conversion du monde par douze pêcheurs.

CHAPITRE XI

Deuxième séjour à la Guyane.

Il se faisait alors grand bruit autour du nom de la V. Supérieure de St-Joseph de Cluny. Inaccessible, aux défaillances, elle avait assez de fermeté pour ne se troubler d'aucun obstacle, mais elle fut plus préoccupée de se dérober aux marques de sympathie qui lui venaient de toutes parts, sauf d'Autun. « Je suis, dit-elle avec son style imagé, la bête curieuse pour bien du monde... M. de Lamartine et sa digne épouse sont de nos vrais amis. Leurs connaissances veulent aussi nous connaître. Tout cela me gêne bien quelquefois. — Hé ! mon Dieu, quand serai-je dans les forêts de la Guyane, occupée de Dieu et de ses noirs enfants ! (1) »

La famille royale voulut la voir. Louis-Philippe lui accorda plusieurs audiences ; la reine Marie-Amélie, Mme

(1) «Lorsque la V. M. Javouhey revint à la Guyane en 1835, il sembla que sa foi dans le succès de son œuvre augmentait avec l'expérience et qu'elle grandissait au contact des difficultés. Dans sa correspondance, elle venge la Guyane de la réputation injuste faite à son sol et à son climat : « Elle veut apprendre à tous « que la Guyanne n'est pas l'île mortifère de Cayenne, mais la luxuriante Savane, la forêt aux riches essences où coulent le Maroni, le Kourou, l'Approuage, la Mana, l'Oyapock. » *L. Radiguet* op. cit.

Adélaïde, le duc d'Orléans coopérèrent à l'œuvre de Mana par des secours pécuniaires et par leur haute protection. La veille du départ une messe fut célébrée à la chapelle des Tuileries, pour attirer les bénédictions de Dieu sur l'entreprise. C'est à la suite de ses entretiens avec la fondatrice des Sœurs de Saint-Joseph de Cluny que Louis-Philippe dit d'elle ce mot si juste et si souvent répété : « Madame Javouhey, mais c'est un grand homme ! »

Tout était prêt pour le départ quand Mgr d'Héricourt écrivit à la R. M. Supérieure de Cluny, pour lui retirer l'autorisation qu'il lui avait donnée de quitter la France. Il était trop tard et du reste le ministre de la marine, d'accord avec le ministre des affaires ecclésiastiques, exigeait que les conventions prises fussent exécutées. Pour que son séjour à la Guyane ne nuisit en rien au bon gouvernement de la Congrégation, la V. M. Javouhey, avant de partir, mit à la tête de la maison de Paris, sa sœur, la Mère Marie-Joseph qui, à Beauvais et à Paris, avait déjà donné des preuves de sa sagesse et de sa clairvoyance.

Le voyage de Paris à Brest ne se fit pas sans encombre. Ce n'est que le lendemain de Noël que le bateau put lever l'ancre. La V. Fondatrice emmenait avec elle un groupe de ses religieuses et, comme en 1827, après un court séjour à la *Recouvrance* (1), elle reprit la mer en chantant avec elles le *Veni Creator*. On fit relâche au Sénégal, pour permettre à la V. Mère de visiter ses deux maisons de Saint-Louis et de Gorée (2). Pendant ce temps une révolte éclate sur le navire parmi les nègres qui déjà veulent faire l'essai de la liberté. Rentrée sur le pont, la M. Javouhey se met à genoux, et les bras levés

(1) Couvent des Sœurs de Saint Joseph de Cluny à Brest.

(2) Durant ce très court séjour au Sénégal elle acheta, grâce aux libéralités de Mme Adélaïde, un certain nombre de jeunes négresses qu'elle destinait à Mana.

au ciel elle se confie en Dieu avec une telle ferveur que les passagers reprirent toute leur assurance. Les plus mutins se calmèrent à la vue de la *bon Chère Mère*, comme ils l'appelaient. Ils répétèrent à l'envi sur terre : « elle est bon à nous, Chère Mère ». Dès leur arrivée à Cayenne, les premiers nègres capturés furent dirigés sur Mana, résidence des Sœurs de Saint-Joseph de Cluny. En recevant ces pauvres malheureux, vrais rebuts de la société, confiés à son dévouement, la V. Mère bénissait mille fois la Providence. « Que je serais heureuse, disait-elle, si je parviens à leur faire connaître notre Dieu que les blancs servent si mal !... »

Le capitaine, chargé du transfert des libérés de Cayenne à Mana, avait demandé des gendarmes à bord de sa goëlette.

La V. Mère Javouhey s'y opposa et remplaça les gendarmes par *une* Sœur. Elle voulut également être seule avec ses religieuses dans la concession, sans aucune force publique. L'arrivée des noirs à Mana ne laissa pas cependant de lui causer de gros embarras ; la famine se fit cruellement sentir, car la disette qui régnait dans tout le pays, occasionna dans la colonie une excessive pénurie dans les subsistances. Mais les plus grandes difficultés vinrent des habitants de Cayenne et des chefs d'ateliers à la solde du gouvernement. Les uns et les autres voyaient dans l'émancipation des nègres, si elle réussissait, la ruine de leurs exploitations. Dans leur âpre désir du lucre, ils ne reculèrent pas devant l'idée du crime. Ils soudoyèrent un libéré qui, moyennant une forte somme, s'engagea à faire chavirer le canot de la V. Mère à son premier voyage sur la Mana. Elle fut prévenue du complot, mais son courage ne faiblit pas un instant. En route le bateau, au lieu de tenir le milieu de la rivière, allait d'une rive à l'autre et n'arrivait jamais. Qu'attendait le coupable pour accomplir son œuvre ? La seule vue de la V. Mère l'avait subjugué, il n'ôsa. La sainte et digne femme, pour se venger, le combla de prévenances et garda le secret. Ses filles ne connurent que plus tard l'attentat par les complices du malheureux nègre. Celui-ci fut atteint peu après de la lèpre, ainsi que ses enfants, et mourut misérablement loin de Mana.

En parlant de ses travaux la V. Mère disait : « Nous n'avons pas eu besoin de gendarmes pour contenir ces pauvres gens et réprimer les désordres ; la religion, la morale y ont suffi. Ils craignent tant de me faire de la peine ! Le plus colère s'apaise dès que je parais. Un mot leur rend la paix ; ils sont très assidus aux instructions et aux prières. Le succès de l'œuvre surpasse mon attente..... Oui, c'est l'œuvre de Dieu. Son doigt s'est montré sur nous. » Mais au prix de quels sacrifices l'éminente religieuse était-elle arrivée à cet heureux résultat ? Elle va nous le dire : « On ne nous épargne pas les tracasseries ; des passions se soulèvent contre nous ; c'est comme si l'on nous faisait des compliments. La confiance en Dieu met l'âme en repos et fait dormir paisiblement, malgré les plus singulières contradictions. Soyez en repos, croyez que je suis heureuse. »

On accusait la V. Mère de favoriser la paresse. La léproserie, sa plus belle œuvre, était le point de mire des critiques les plus invraisemblables. Les contradicteurs allèrent jusqu'à dire qu'elle ne donnait à ces malheureux qu'une nourriture insuffisante, qu'elle spéculait sur eux (1).

(1) Le conseil colonial était en majorité hostile à la V. Mère. Il ne pouvait digérer qu'on l'eût comparée aux Jésuites qui, au XVIIIe siècle, avaient établi au Paraguay ces *admirables réductions,* modèles de toute vraie colonisation.

Une commission fut nommée et se rendit sur les lieux : « Les récoltes des nègres, put-elle ajouter, dépassent toutes nos espérances. C'est Mana qui entretient l'abondance à Cayenne. On voit par là si nous sommes des paresseux. On tremble des suites d'une si heureuse réussite ; on croit que tous les nègres seront libres si nous parvenons à en faire des hommes bons à quelque chose. Les membres de la commission envoyés avec des préventions sont revenus convertis, avouant qu'ils ne se seraient jamais attendus à trouver tant de changement dans des hommes qui promettaient si peu. Ensuite on a trouvé l'habitation magnifique ; on répète avec une espèce de dépit : Quel dommage qu'il n'y ait pas *un homme* à la tête d'une si belle entreprise ! Plus que jamais je dis donc avec reconnaissance : Oui vraiment, c'est l'œuvre de Dieu. »

Les habitants de Cayenne surnommaient dédaigneusement la V. M. Javouhey la *Reine Blanche*. Son administration habile et dévouée n'en porta pas moins l'établissement de Mana à une telle prospérité (1) que, dès 1847, le gouverneur de la Guyane proposa au ministre de le déclarer bourg libre. Cet acte administratif ne fut accompli qu'en 1848, mais Mana était depuis 1840, par sa population, la seconde ville de la colonie, et elle le devait à l'humble religieuse qui, dès son arrivée à la Guyane, avait travaillé avec ses filles à sa prospérité matérielle et morale.

Tandis que l'œuvre de Mana prenait des accroissements de plus en plus considérables, l'Institut de Saint-Joseph de Cluny se développait surtout au midi de la France. La communauté de Saint-Affrique devenait une pépinière de sœurs missionnaires généreuses et dé-

(1) Selon le désir formel de la V. Mère, à Mana il n'y avait pas de cabaret. C'était le moyen le plus sûr pour préserver les noirs des ravages causés parmi eux par les boissons fermentées.

vouées. A la suite de Chabeuil vint Moras en 1839 ; Lavelanet est de 1837. Le bel établissement de la Chartreuse à Dijon était de cette époque, mais les Sœurs de Saint-Joseph de Cluny ne pouvant subir certaines prescriptions contraires à leur règle, la V. Mère les retira en 1847. Montpellier et St-Chimian eurent le même sort, pour d'autres raisons.

Le long séjour de la V. Mère en Guyane ne lui faisait pas oublier non plus les autres colonies. En considération de ses succès à Mana, le gouvernement lui donna toutes les écoles de la Guadeloupe et de la Martinique. Infatigables comme leur mère, les Sœurs de Saint-Joseph de Cluny ajoutèrent aux premiers établissements des ouvroirs et des patronages en faveur des enfants noirs aussi bien que des enfants blancs. Elles avaient établi, à la Trinidad, en 1836, comme nous l'avons dit, une première maison qui devint bientôt le centre d'œuvres nombreuses et fécondes. « Là, comme à Bourbon et dans les autres colonies, le bien se fait parmi nous, disait la R. M. Rosalie ; les pauvres noirs sont évangélisés et ils deviennent partout l'objet de nos soins. Dieu est servi dans la Congrégation ».

Il n'était pas jusqu'à l'Océanie où les Sœurs de Cluny ne devinssent les auxiliaires des missionnaires qui inauguraient leur apostolat parmi les peuplades sauvages de la Polynésie. Les premières partirent en 1843 pour les îles Marquises, d'où elles se rendirent à Taïti (1).

En 1845, la V. Mère chargeait la maison de Pondichéry d'établir des Sœurs à Karikal sur la côte de Coromandel. L'année suivante, elles s'installèrent dans l'île Mayotte

(1) Pourquoi n'êtes-vous pas allée en Chine qui s'ouvrait de nouveau à l'apostolat catholique ? demanda-t-on vers ce temps à la V. Mère. — C'est que nous n'étions, ce que nous sommes toujours, que de pauvres petites filles, ne connaissant que le français. Ce fut toute sa justification si humble, si modeste.

puis dans l'île des Comores et enfin à Ste-Marie qui n'est séparée de Madagascar que par un étroit canal. Ce passage fut bientôt franchi et la grande île allait offrir un vaste théâtre au dévouement des Sœurs et au zèle des missionnaires : les Pères Jésuites, les Frères des Ecoles chrétiennes et d'autres religieux.

Il ne sera pas sans intérêt de voir quels succès avait eus à Mana la petite colonie africaine que la V. Mère avait amenée du Sénégal ; vraie petite République doucement gouvernée par la *Chère Mère*. « Ce nom était tout pour les noirs ; ils l'avaient toujours à la bouche, le jour, la nuit, pendant le travail, dans les bois, sur l'eau. A la moindre difficulté, dans toutes leur disputes, — Allons, disaient-ils, trouver ma Chère Mère ».

C'est elle surtout qui était consultée pour les mariages. Un jeune noir venait-il en balbutiant lui indiquer son secret désir. — Eh bien, mon ami, lui disait elle, tu veux donc te marier ? A qui as-tu pensé ? — A une telle, ma Chère Mère. — Mais elle est un peu coquette, pas courageuse à l'ouvrage. Cette autre a bonne tête, bon courage, te convient-elle ? — Si vous content, ma Chère Mère, moi bien content aussi. — Eh bien ! Va, prie le bon Dieu et si le cœur vous en dit, mes enfants, on verra à vous marier ».

La petite colonie de Mana n'était pas l'unique objet des sollicitudes de la V. Mère. Il existait sur les rives du Maroni trois ou quatre tribus d'Indiens dits *peaux-rouges* parce qu'ils se frottaient le corps avec du roucou. Leur unique occupation était la chasse et la pêche ; leur passion, le tafia ; leur suprême bonheur, dormir tout le jour couchés dans un hamac. La licence allait de pair avec la paresse, aussi les colons Hollandais n'étaient-ils pas des plus tendres pour eux. Rebutés sur leur propre territoire, ils se présentaient à la V. Mère qui toujours les accueillait avec bonté. Tantôt elle acceptait leur offre de gibier et de poisson qu'elle leur payait généreusement, tantôt elle s'embarquait sur leurs pirogues pour ses longues courses. Aussi ces pauvres Indiens se laissaient-ils facilement instruire de la religion. Leurs enfants étaient tous baptisés et l'honneur de les tenir sur les fonts revenait presque toujours à la V. Mère dont ils se disaient non sans fierté les filleuls. Décrire son bonheur, quand elle était appelée elle-même à conférer le saint baptême, est chose impossible.

La mission qui fut établie chez les Indiens *Galibis* du Courbary et qui devait compléter l'œuvre de la Mana est du 12 janvier 1848. La R. M. Isabelle, placée par la V. Fondatrice à la tête de la mission de la Guyane, réussit, après mille difficultés, à établir les sœurs au milieu de cette tribu pacifique et de race blanche. Ces bons Indiens firent aux religieuses un chaleureux accueil. Le *parler par le papier*, ainsi qu'ils nommaient la lecture et l'écriture, leur paraissait quelque chose de merveilleux. Mais ils n'apportèrent pas une moins grande bonne volonté à se pénétrer des vérités de la religion et, comme les missionnaires ne venaient sur les bords du Courbary que de loin en loin, les Sœurs baptisaient elles-mêmes les enfants et les adultes en danger de mort. Cette fonction apostolique leur incombait aussi dans les autres colonies, et c'était tout leur bonheur.

Aucun sacrifice ne coûtait à la V. Mère, pour assurer à sa chère famille religieuse ce bel apanage des missions. Elle écrivait : « Priez le bon Dieu qu'il nous donne à toutes l'esprit apostolique. Si vous saviez le bien que nos chères Sœurs font parmi les sauvages ! Les Pères nous disent que sans les religieuses, les missions languissent (1)..... Mais il faut des vocations robustes, ne nous envoyez que de celles-là ».

(1) C'était surtout vrai pour Madagascar.

Aussi les maîtresses des novices s'appliquaient-elles, à Cluny, à Bailleul et à Limoux, à former des religieuses vraiment dignes, par leur esprit de sacrifice, de leurs devancières.

On peut dire que toutes les filles de la Mère Javouhey furent, à son exemple, admirables de courage et de dévouement. Mais quelles difficultés n'eurent-elles pas à vaincre ! La seule durée interminable des voyages avec la navigation à voiles était un obstacle dont nous avons peine à nous rendre compte aujourd'hui. Un autre encore plus pénible pour des religieuses était l'absence, ou tout au moins le petit nombre de prêtres, aux colonies. Il fallait passer des mois entiers et parfois des années sans le secours des sacrements. Au Sénégal, nous l'avons vu, cette privation dura plus longtemps encore. Ailleurs, c'étaient l'indifférence et même l'hostilité ouverte de la part de ceux qui, par état ou par vocation, auraient dû les soutenir, sinon leur venir en aide ; heureux quand ils n'en arrivaient pas à des mesures plus rigoureuses et qui ne se peuvent expliquer que par un dessein insondable de Dieu !

Nous ne parlons pas des chaleurs torrides ni des fièvres dont toutes les Sœurs avaient à souffrir durant la traversée et à leur arrivée dans les régions tropicales. Combien sont mortes sous ces climats meurtriers, victimes de leur zèle à instruire les ignorants et à soigner les malades ! La seule alimentation indigène à laquelle il fallait bien se réduire était, pour des personnes délicates, la source de grandes répugnances. Sans compter la dépravation de cette race noire dont les blancs favorisent trop souvent les pires excès, il y avait au sein de ces peuplades idolâtres ou mahométanes mille motifs de s'en détourner avec dégoût. Mais la pensée que ces pauvres malheureux étaient comme nous des êtres créés à l'image de Dieu et rachetés au prix de son sang donnait aux plus pusillanimes la force d'endurer toutes les privations et le courage de surmonter les défaillances de la nature.

Il fallut un véritable héroïsme aux religieuses qui furent envoyées en 1843 de Taïti aux îles Marquises. Les *Kanala*, peuplades sauvages de ces îles, étaient des cannibales féroces, voleurs et perfides. Les deux premières Sœurs de Saint-Joseph qui abordèrent sur ces plages inhospitalières faillirent plusieurs fois être dévorées à belles dents. « Mettez toute votre confiance en Dieu, leur avait écrit la V. Mère Supérieure, et comptez sur son assistance. Il ne vous manquera pas quels que soient les dangers ou les difficultés. Profitez de toutes les circonstances pour vous avancer dans la carrière des saints. » Jamais paroles ne furent mieux appropriées à la situation critique, où devaient se trouver pendant deux ans nos généreuses missionnaires de Saint-Joseph de Cluny.

CHAPITRE XII

Epreuves de la V. Mère.

La V. Mère Javouhey aurait désiré, avant de quitter la Guadeloupe, mettre la dernière main à son œuvre de Mana. Comme on lui avait refusé les esclaves adultes qu'elle voulait préparer à leur libération, elle demanda que les 3.000 enfants nés de parents esclaves lui fussent confiés jusqu'à l'âge de quinze ans. C'était la véritable solution de cette redoutable question de l'esclavage dans les colonies européennes qui, mal comprise, devait plus tard amener la terrible guerre de Sécession aux Etats-Unis. Le projet de la R. M. Supérieure, d'abord ajourné par la mort du directeur des colonies, M. de St-Hilaire, ami devoué de la Congrégation, ut finalement rejeté. Cette défiance injuste causa une cruelle blessure au cœur de celle que l'on a si bien appelée la *Mère des noirs*. Mais une épreuve plus grande encore vint vers le même temps donner à ses éminentes vertus le sceau divin de la croix. « Dieu ébauche ses saints sur le Thabor, disait la R. M. Julie Billard, contemporaine de la V. Mère, il les achève sur le Calvaire. »

Le départ précipité de la V. Supérieure, en 1835, avait provoqué les inquiétudes, disons plus, les susceptibilités, faciles à comprendre, de Mgr l'Évêque d'Autun. Celui-ci avait gagné à sa cause, qu'il croyait être celle de tout l'épiscopat, M. Affre vicaire général de Mgr de Quélen, archevêque de Paris. Trois jours après le départ de la Mère Anne-Marie, M. Affre lança l'interdit sur la chapelle des Sœurs de Saint-Joseph de Cluny, rue de Valois. Cette mesure devait durer autant que l'absence de la Supérieure générale ; elle fut supportée avec une admirable résignation par la R. M. Marie-Joseph qu'elle avait désignée pour sa suppléante et par toutes les Sœurs de la Communauté de Paris.

Elle eut son contre-coup en Guyane ; il fut terrible. L'un des prêtres attachés à la colonie, M. Guillet, dans un voyage en France, fit visite à l'évêque d'Autun. Ce fut assez pour que le clergé de Cayenne, déjà prévenu contre la V. Mère par suite des dispositions peu favorables des colons, se tournât tout à fait contre elle. La V. Mère fut publiquement privée des sacrements de l'Eglise. « On ne l'excomuniait pas en fait, dit l'abbé Rogeau (1), mais on donnait aux prêtres la défense de l'entendre en confession et de l'admettre à la sainte communion. Se présentait-elle à la sainte table ? on la passait ; allait-elle à une colonie voisine, faisant un long voyage pour se confesser ? elle apprenait en arrivant qu'une défense du même genre l'y avait précédée. « Il a fallu, ajoute le même témoin, toute la vénération qu'elle inspirait à ses sœurs pour qu'elle ne devînt pas l'objet de leur mépris. Elle endura ce supplice avec la grandeur d'âme qu'elle n'a pas cessé de montrer pendant sa vie dans les plus cruelles épreuves. »

« J'ai bien souffert durant ces deux ans, avouait-elle

(1) Ancien curé de Breteuil, puis vicaire général de Beauvais.

plus tard, et pourtant je n'ai pas cessé d'avoir grande confiance en Dieu. Je me promenais souvent seule dans la forêt (1) et je le priais avec ferveur pour obtenir la grâce de ne pas l'offenser, puisque je ne pouvais pas recourir au sacrement de sa miséricorde. »

L'excès de ses humiliations n'altérait en rien son humeur naturellement enjouée et qui, jointe à la finesse de son esprit, ne lui donnait que plus de charme. Elle était informée de tout ce qui se passait à Paris et à Cluny. « Vos lettres, écrit-elle, ont excité ma curiosité et m'ont fait plaisir, je ris toute seule quand j'y pense. Qu'il me tarde de savoir comment Monseigneur se sera tiré d'affaire avec des religieuses qui s'entêtent d'aimer leur Mère ! »

Cependant elle atteignait sa soixante-quatrième année, et sa forte santé déclinait visiblement. Un jour qu'elle était en conférence avec le gouverneur, elle fut prise de syncope. Quelle n'était pas la douleur des Sœurs de Saint-Joseph de Cluny de sentir leur Mère vénérée accablée d'épreuves, privée des sacrements, malade dans un pays malsain. Elles la supplièrent de revenir parmi elles. La mort de sa sœur, la R. M. Marie-Thérèse qui, rentrée en France après un long séjour aux Antilles, venait de succomber à une cruelle maladie, ne lui permit pas de différer plus longtemps. Mgr l'évêque d'Autun avait vu avec plaisir la R. M. générale placer la M. Marie-Thérèse à la tête de la communauté de Cluny et le prélat en avait exprimé maintes fois sa satisfaction. Il espérait, croit-on, la faire entrer dans ses idées sur l'Institut, vu son caractère doux et conciliant. Mais combien peu il connaissait les vrais sentiments de cette sainte reli-

(1) Saint Bernard a dit que « les forêts font plus de bien aux âmes que les livres » *Amplius invenies in sylvis quam in libris* ! Sa compatriote la V. Fondatrice de Saint-Joseph de Cluny en fit maintes fois l'expérience, à la Guyane.

gieuse ! La visite qu'elle fit des maisons du district lui aurait, au besoin, montré que partout on restait attaché aux premiers statuts. C'est le 25 octobre 1840 que la R. M. Marie-Thérèse rendit sa belle âme à Dieu. Des quatre fondatrices, elle alla la première recevoir au ciel la récompense due à ses vertus éminentes. La V. M. Supérieure ne l'appelait jamais que sa *Sainte* sœur. A ses funérailles, qui eurent lieu dans la chapelle de Cluny, les notables de la ville, les pauvres, de nombreuses mères de famille suivirent le long cortège des religieuses qui avait à sa tête le curé de Notre-Dame et les prêtres des environs.

La V. Mère Fondatrice, informée aussitôt, resta longtemps plongée dans la plus amère douleur à Mana. Elle sentit que l'heure de sa rentrée à Cluny et à Paris était arrivée. Quelque grande que fut sa peine de quitter ses chers nègres, elle dut s'y résigner. Elle monta, les larmes aux yeux, sur le canot qui de Mana la transporta à Cayenne. Les noirs la suivirent à l'aide de leurs frêles embarcations, silencieux et abattus. Quand elle eut pris place sur le bateau qui devait la ramener en France, leurs pirogues firent à trois reprises le tour du bâtiment pour saluer une dernière fois la « Chère Mère » et lui arracher la promesse d'un prompt retour.

A Mana son souvenir est toujours vivant ; sa cellule est telle qu'elle l'avait laissée ; ses pieuses filles baisent souvent le prie-Dieu sur lequel elle a versé tant de larmes durant ses longues épreuves. Elle eut bientôt à en répandre de non moins amères.

En arrivant à Bordeaux, dans les premiers jours d'août 1843, elle n'eut pas l'espérance tant désirée de prévoir la fin prochaine de ses tribulations. Epuisée et avide de recueillement, elle alla en septembre, à Fontainebleau, s'enfermer dans la retraite ; elle fut admise de suite à la sainte table. « Jugez de mon bonheur, écrit-elle. » La R. M. Rosalie qui avait succédé à la R. Mère Marie-Thérèse à Cluny s'était empressée d'accourir à sa rencontre ; elle avait hâte de lui exprimer avec sa joie toutes ses alarmes (1). Quoique plusieurs ecclésiastiques, non des moins qualifiés, ne craignissent pas de blâmer la conduite suivie par M. Guillet et ses confrères de la Guyane, la solution du conflit restait toujours en suspens. La V. Mère se savait attendue avec impatience à Cluny ; cependant elle tenait caché autant que possible le jour précis de son arrivée. Pour mieux dissimuler sa présence, elle descendit à l'hôpital (2) où les bonnes Sœurs furent très flattées de sa visite ; elles l'accompagnèrent ensuite à travers leur jardin jusqu'à celui de Saint-Joseph qui est contigu. En un clin d'œil ses heureuses filles organisèrent pour la recevoir, au chant de *l'Ave Maris Stella*, une vraie procession, bannière en tête. Quelle ne fut pas sa consolation de trouver réunies autour d'elle 175 religieuses, dont 30 jeunes professes qui venaient de prononcer leurs premiers vœux. Elle monta ensuite au cimetière prier sur la tombe de sa chère sœur, M. Marie-Thérèse. Partout où elle se montra, c'était à qui lui offrirait souhaits de bienvenue, condoléances, félicitations et hommages respectueux. M. Rocault, curé de Notre-Dame, ne fut pas des moins ardents. Mais on remarqua la réserve gardée par quelques membres du clergé, en particulier par M. Cucherat (3), aumônier du noviciat des Sœurs de Saint-Joseph à Cluny lequel était alors, comme nous l'avons dit, très florissant.

(1) L'honorable M. de Longeville avait délicatement ménagé dans son château de Pressy une entrevue entre Mgr d'Héricourt et la M. Rosalie, mais elle avait été sans succès.

(2) Le bureau des diligences à Cluny se trouvait à cette époque, non loin de l'Hôtel-Dieu, dans l'ancienne rue de la Boucherie, tracée sur la voie romaine, dite de *Luna* (Belleville) et qui suit le cours d'eau souterrain des Quatre-Moulins.

(3) En quittant Cluny, M. l'abbé Antoine Cucherat devint aumônier de l'hôpital de Paray-le-Monial, où il mourut, en 1853, à l'âge de 48

Les affaires de la Congrégation ayant rappelé la V. Mère à Paris, les ovations recommencèrent sur tout son chemin. « Elle n'eut qu'un regret, écrit-elle, c'était de ne pouvoir donner que deux jours là où il eût fallu en donner huit. » A Paris, elle fut accablée de visites. Le ministre de la marine, M. de Mackau et ses principaux chefs de service furent tous très empressés. La reine Amélie vint l'entretenir avec un abandon et une confiance qui témoignaient de la vénération qu'elle portait à Mme Javouhey.

Sauf à Autun, la V. Mère était partout l'objet de l'admiration publique. Les chaires elles-mêmes retentissaient des merveilles que l'humble religieuse avait accomplies à la Guyane. Dieu semblait ainsi vouloir la dédommager de tout ce qu'elle avait souffert sur le théâtre de son plus beau dévouement. Mais elle ne prêtait qu'une oreille distraite à tous les compliments et appelait sa *petite croix* les réceptions, les fêtes données en son honneur et qu'elle devait subir. Hélas ! un nouveau Calvaire se dressait déjà devant ses yeux.

A Paris, grâce à la bienveillante intervention du nonce et de l'évêque de Beauvais, la chapelle de la Maison-Mère, rue de Valois, avait été réouverte au culte. — « Comment Mgr d'Autun va t-il prendre cela, écrit-elle à la R. M. Rosalie ? S'il allait interdire Cluny ? De quel œil le diocèse le verrait-il ? » La Supérieure de Cluny ne put répondre à ces questions délicates, mais elle lui donna l'assurance de l'inébranlable fidélité de toutes ses filles.

A la fin du mois d'août 1845, une double cérémonie

ans. Il n'avait gardé de tous ces débats qu'un souvenir amer ; et témoigna toujours ensuite « son affectueux dévouement à la Congrégation de Saint-Joseph ».

Son frère puiné, M. l'abbé François Cucherat, lui succéda à l'aumônerie de l'hospice de Paray. Sa vie qui a été publiée est des plus édifiantes;il fut un écrivain aussi fécond qu'érudit. L'abbé Antoine avait de son côté du talent pour la prédication.

de vêture et de profession devait se faire à Cluny. L'aumônier, M. Cucherat, ne craignit pas de détourner novices et postulantes de la Congrégation. Il agissait, disait-il, sur les instructions de Mgr l'Evêque. D'après les mémoires qui furent alors lancés contre la V. Mère Fondatrice et son œuvre, le noviciat allait être dispersé, la chapelle serait, sinon fermée, au moins interdite. Mais M. Rocault, archiprêtre du canton de Cluny (1), conserva à la maison de St-Joseph son inaltérable dévouement. En entendant gronder l'orage, l'intrépide et vaillante Supérieure fit trève à tout et arriva à Cluny. Mgr d'Héricourt avait de son côté envoyé M. Genty dire une dernière messe, à la chapelle, des Sœurs, et en retirer le Saint-Sacrement. Ce qu'il y eut de plus pénible fut le refus que le délégué épiscopal opposa au désir qu'avaient exprimé les Sœurs de faire la sainte communion à cette dernière messe. « Il y eut alors, disent les lettres du temps, une explosion de sanglots et d'exclamations douloureuses dont personne ne put se défendre. » C'était bien, avec la non-admission des sujets à la prise d'habit et à la profession, la dissolution en fait du noviciat de Cluny. Comme un chef d'armée au fort de la bataille, la V. Mère accourt au milieu de ses chères filles qu'on veut lui ravir. — « Que celles qui sont pour moi, dit-elle, se lèvent, et que les autres restent assises. » Six ou sept se retirèrent. M. Cucherat les envoya à Autun, où elles ne firent que passer pour rentrer ensuite presque toutes au bercail de Saint-Joseph de Cluny.

La foudre qui venait d'éclater à Cluny frappa en même temps la maison de Paris. Les effets qu'elle y causa

(1) M. Pelletier, curé de Brandon fut du nombre des prêtres qui conservèrent à la V. Fondatrice leur profonde estime. Citons encore parmi ces derniers M. Girard, qui avait été le collègue de M. Cucherat, à la maison de Saint-Joseph. Il était encore, en 1845, le confesseur des Sœurs ; il s'offrit à leur dire la messe à l'hôpital, mais Mgr d'Héricourt ne le permit pas.

furent plus pénibles que la première fois. Mgr Affre ne se borna pas à interdire la chapelle de la rue de Valois, il fit défense d'absoudre les membres de la Congrégation qui seraient en opposition avec l'évêque d'Autun. — « Pour moi, objectait Mgr Gignoux, évêque de Beauvais, je ne vois pas d'insurrection. »

La R. M. Rosalie écrivait de Cluny, le 7 septembre 1845 : « Voici le premier dimanche qui nous voit les paroissiennes de Notre-Dame. Toute la communauté a fait la sainte communion à la messe de 6 heures ». Quand il y avait impossibilité de se rendre à l'église, les Sœurs faisaient solennellement, pendant la semaine, le chemin de Croix à 7 heures. « On n'ose pas se plaindre après l'avoir fait, dit la digne sœur de la V. Mère, du moins cela adoucit l'amertume de nos peines. »

Mais les événements qui venaient de se passer au couvent de St-Joseph avaient peu à peu transpiré parmi les habitants de Cluny. La seule présence des religieuses en si grand nombre à la messe de Notre-Dame, provoquait plus d'une rumeur dans le public. Il fallut que les Sœurs intervinssent pour calmer l'irritation des esprits. Elles ne purent empêcher toutefois la population de signer une pétition que le maire de la ville se fit un devoir de transmettre à Mgr d'Héricourt. M. Bruys (1) était l'interprète de tous en faisant remarquer au prélat la fâcheuse impression que causait à Cluny l'interdit jeté sur la chapelle. Il ne prétendait point s'initier dans des questions hors de sa compétence, mais « interdire la chapelle, disait-il, n'est-ce pas mettre la communauté en état de suspicion et de défaveur ?... Quand cette communauté est en même temps une maison d'éduca-

(1) M. Amédée Bruys avait succédé à M. Furtin en 1830, et resta maire de Cluny jusqu'en 1848. Il ne faut pas le confondre avec son fils Amédée qui fut élu représentant du peuple, le 23 avril 1848. M. de Lamartine était en tête de cette liste ou figure Ledru-Rollin au 13e rang. Le citoyen Bruys arrive bon dernier, avec 67178 voix sur 131092 votants.

tion, n'est-ce pas affaiblir ses titres à la confiance des familles ? »

Tandis qu'à Cluny les filles de la V. Mère Javouhey en étaient réduites à un tel abandon qu'elles n'avaient pu obtenir, à Noël, une messe dans leur chapelle, qu'à la condition de ne pas y laisser la Réserve, leurs Sœurs de Paris étaient redevenues, comme en 1835, simples paroissiennes de St-Philippe-du-Roule. « Hier, 15 décembre, écrit la V. Mère à sa sœur la Mère Rosalie de Cluny, nous étions cinquante-trois religieuses et postulantes à la messe... »

Cependant le conflit était trop aigu pour durer. A la fin de décembre, Mgr d'Héricourt envoya à Paris M. Landriot, le futur archevêque de Reims et alors supérieur du petit séminaire d'Autun, négocier les bases d'un arrangement devenu urgent. Il fut conclu dans les premiers jours de 1846, comme nous allons le voir bientôt.

La dispersion du noviciat n'avait pas ralenti le mouvement qui portait à Saint-Joseph de Cluny tant d'âmes avides de dévouement et de sacrifice. « A Cluny, écrit à cette date la V. M. Javouhey, j'ai trouvé 30 postulantes remplies de courage ; il en entre souvent. » Mais sur quel point fallait-il les diriger ? « Toute ma crainte, reprend-elle, est de faire un pas contre la volonté de Dieu. Priez bien pour moi ; quand je ne vois pas clair, je ne peux marcher. »

Elle laissa donc provisoirement à Alençon postulantes et novices. C'était, là selon son expression, « le dépôt pour les colonies ». Le ministère demandait alors à la V. Supérieure 30 à 40 religieuses pour les hospices et les écoles dans nos possessions d'outre-mer. Dispersées dans différentes maisons, ces futures missionnaires, jeunes professes ou novices, se livraient avec ardeur « à l'étude et au travail de leur sanctification, comme si rien n'était arrivé.»

« Nous les préparons de notre mieux, » écrit la V.M. Fondatrice. Mais l'éloignement et la difficulté des communications causaient des embarras considérables. Il fallait créer un centre quelque part.

Mgr l'évêque de Beauvais voulut bien, à la prière de la V. Mère, transférer l'ancien noviciat de Bailleul dans la maison de Compiègne, à proximité de Paris. Un membre influent du conseil épiscopal fit prévaloir le projet d'établir dans le diocèse un noviciat unique qui deviendrait à la longue comme la Maison-Mère de l'Institut de Saint-Joseph. C'était revendiquer pour Beauvais ce que Mgr d'Héricourt réclamait pour Autun.

La V. Fondatrice et son conseil comprirent le danger. De la réponse qu'elle adressa à Mgr Gignoux, le 16 décembre 1845, bornons-nous à citer ce court passage :..... « Nous ne pouvons point enlever à notre maison de Cluny, berceau de notre congrégation, les prérogatives qui en ont fait le chef-lieu de l'Ordre. Si de malheureuses circonstances, qui n'ont point dépendu de notre volonté et dont nous sommes si affligées, l'en ont privée momentanément, nous ne devons point consentir à aliéner ses droits toujours et existants, à rompre les liens qui nous unissent à elle. »

L'attitude si digne de la V. Mère fut celle de toute la congrégation. Elle produisit le meilleur effet sur l'esprit de Mgr d'Héricourt qui en fut profondément touché. Ce qui contribua surtout à rétablir le bon accord entre Mgr d'Héricourt et la V. M. Fondatrice fut la déférence que celle-ci ne cessa de témoigner, même au plus fort de la querelle, pour l'autorité de Mgr l'évêque d'Autun.

Ce prélat avait bien donné à entendre, il est vrai, que, pour mettre fin aux difficultés, volontiers il se déchargeait de tout. Il le pouvait d'autant moins que le maire de Cluny le priait de réclamer auprès de Mme Javouhey au nom de la ville, si l'on venait à transporter le noviciat ailleurs. L'opinion générale était là même dans tout le diocèse où une réaction se dessinait visiblement en faveur des religieuses de Saint-Joseph de Cluny.

Toutes ces raisons, jointes à la situation délicate dans laquelle se trouvait Mgr d'Héricourt vis à vis d'une Congrégation estimable et déjà célèbre, le disposèrent à se montrer favorable à un accord que chacun désirait. Le succès de la mission confiée à M. Landriot ne pouvait être douteux.

Nous lisons dans la lettre que la V. M. Fondatrice écrivait, le 30 décembre, à sa sœur, supérieure de la maison de Cluny : « Je suis contente de M. Landriot ; il ne sait pas finasser. Il espère nous dire la sainte messe dans notre chapelle de Paris, avant son départ. » Trois jours après, elle recevait de la R. M. Rosalie l'assurance qu'à Cluny chacun espérait comme elle la fin prochaine de l'épreuve : « Votre précieuse lettre du 30 décembre, reçue hier, a mis tout le monde dans la joie. Je viens vous exprimer notre reconnaissance et nos remerciements de l'empressement que vous avez mis à nous faire partager la douce espérance que vous avez enfin de pouvoir vous entendre avec Mgr d'Autun. Nous ne pouvions recevoir de meilleures étrennes de la Providence »... Je ne vous dis pas, ma très chère Mère, le contentement particuler de notre bon père Rocault (1), il est inexprimable ; ses yeux se sont mouillés de douces larmes. Il me charge de vous féliciter de votre abnégation ; la sienne est sans exemple. « Allons, allons, me

(1) M. le curé de N -D était d'autant plus sastisfait de cet heureux événement qu'il espérait décider Mgr l'Evêque d'Autun à accepter c projet, mis en avant par des personnes notables de la région, d'établir, à l'ancien monastère de Cluny, le petit séminaire qui fut ensuite placé à Semur-en-Brionnais, à une des extrémités du diocèse.

dit-il, un peu de bien fait oublier bien du mal. Toute ma satisfaction est d'avoir pu suffire et atteindre au port de la paix sans naufrage ; le temps réparera encore promptement les dégats de la tempête. » Je vous rends, ma très chère Mère, à peu près les expressions de ce bon père. C'est aussi ce que pensent tous nos messieurs les notables, qui sont déjà imformés de notre espoir et qui le partagent. »

Le 12 janvier 1846, M. Landriot qui venait de poser les bases définitives de l'accord tant désiré de part et d'autre, célébra, comme il l'avait annoncé, le saint sacrifice de la messe à la maison de Paris et laissa la sainte Réserve à la chapelle.

La même faveur avait été rendue à la communauté de Cluny deux jours auparavant. « Ainsi Cluny d'où était parti l'éclair, signal de la tempête, rentra le premier dans le calme et la tranquillité... Le noviciat, qui avait été jeté en épaves sur plusieurs terres lointaines, revint se former au lieu d'où il avait été obligé de fuir (1). »

(1) *Annales historiques*, p 688.

CHAPITRE XIII

Après l'orage.

Depuis son retour définitif de la Guyane, la V. Mère avait essuyé à Paris et à Cluny la plus dure persécution. Elle avait été frappée à la partie la plus sensible de son bon cœur. Nulle période de sa vie ne fut peut-être plus féconde en fruits de grâce pour elle et pour son Institut. Un jour qu'elle se croyait seule dans une salle de sa communauté, on l'entendit s'écrier tout haut : « Mon Dieu, je vous remercie de m'envoyer des peines et des croix. Que vous êtes bon ! Je ne me confie qu'en vous seul. Aidez-moi à supporter toutes les contradictions qu'il vous plaira de m'envoyer. » Quand le regrettable conflit qui s'était élevé entre Mgr d'Héricourt et la V. M. Javouhey eut pris fin, celle-ci s'empressa d'en informer les diverses maisons de la Congrégation. En reconnaissance des faveurs dont elle avait été l'objet, la digne Supérieure invitait ses filles à redoubler de ferveur et de générosité au service du divin Maître. « Que le bon Dieu, est bon ! écrit-elle à la Mère Supérieure de la Trinidad. Il tient le cœur des hommes entre ses mains. Comme il fait triompher son œuvre ! On reconnaît enfin que c'est bien l'œuvre de Dieu. Je n'ai plus rien à désirer, sinon de le glorifier en m'humiliant de plus en plus et en tâchant de lui être fidèle jusqu'à la mort. »

A une autre : « La Providence, dit-elle, veille sur notre Institut, elle sait bien que nous ne pouvons rien de nous-mêmes, pauvres et simples bourguignonnes que nous sommes. Je me sens un courage qui ne peut venir que de Dieu ! Oh ! ma chère fille, que l'adversité fait du bien ! »

La pacification qui venait de se produire si heureusement donna lieu au dehors de manifester les sentiments d'estime et d'admiration dont les amis de la Congrégation étaient pénétrés à l'endroit de sa digne fondatrice. Chaque jour la V. Mère recevait de vive voix et par écrit les témoignages de joie que leur causait l'accord enfin conclu avec NN. SS. Affre et d'Héricourt. Les autres évêques de France s'empressèrent de lui exprimer leur satisfaction. Elle avait hâte de se rendre elle-même à Autun pour faire sa visite (1) de remerciement à Mgr d'Héricourt qui lui renouvela ses assurances d'intérêt et de bonté. Il lui en avait déjà donné une preuve touchante par la nomination comme aumônier de M. Genty, qui sera plus tard vicaire général, D'Autun elle vint à Cluny où la digne Mère éprouva tout le bonheur que donne le calme après la tempête et où elle aimait à se délasser de ses travaux. Elle reçut les plus chaudes félicitations du clergé et des principaux habitants de la ville. « Tout m'a paru sous un jour nouveau, écrivit-elle à sa sœur M. Marie-Joseph. Les novices et les postulantes en nombre suffisant et bien ferventes ; parmi elles il y a quelques sujets de mérite. La direction est douce et convenable ;

(1) — C'est dans cette circonstance qu'elle fit la connaissance de M. Vitteault, plus tard curé de Notre-Dame de Cluny. Il n'était encore que séminariste : — Vous me voyez vieille et infirme, M. l'Abbé, lui dit la V. Mère, voudriez-vous avoir l'obligeance de m'aider à monter ce grand escalier et me conduire à la chambre de Monseigneur ? »

toutes les physionomies annoncent le calme et la paix. Les santés sont améliorées, mais les bourses sont toujours vides. » Elle ajoutait dans une autre lettre : « Nous sommes pauvres comme des rats d'église, mais riches de confiance. » Quelle qu'ait été alors la détresse de l'Institut, la question de la pension et de la dot ne devait pas préoccuper pour l'admission des sujets. L'esprit était le même à Paris qu'à Cluny. « Nous sommes entassées à Paris, dit-elle, il faut absolument que nous desserrions les rangs. Les postulantes arrivent de tous côtés, mais toujours sur les ailes de la Providence et ayant pour passe-port leur bonne mine. »

Cette question d'un double noviciat faillit rallumer la querelle avec Autun. Par la force des choses, et en raison des besoins des maisons de France et des colonies, des vêtures et des professions avaient eu lieu à Limoux, à Paris, à Alençon, à Rouen. Les Ordinaires des lieux autorisaient ces cérémonies avec le consentement exprès ou tacite de Monseigneur d'Autun. Si Mgr d'Héricourt ne pouvait que souscrire à ces demandes, il ne souffrait pas moins d'un tel état de choses commandé par les besoins de la Congrégation. Il ne voyait pas non plus sans inquiétude les absences de Cluny, fréquentes et prolongées, de la V. Mère Générale, toutes réclamées par les mêmes nécessités. Disons le mot, Mgr d'Héricourt tenait, avant tout, à posséder une Congrégation diocésaine ; aussi aurait-il préféré restreindre plutôt qu'étendre les œuvres de l'Institut à l'étranger. Mais n'était-ce pas là le caractère particulier et comme la mission propre des Sœurs de St-Joseph de Cluny ? On lui prêta même de nouveaux desseins peu bienveillants. Le nonce du Pape à Paris s'étant alors prononcé dans un sens très favorable à l'Institut, l'affaire n'eut pas de suite.

C'était en 1846. « On nous assure, écrit la V. Mère à

cette date, que nous sommes en voie de tranquillité. Laissons, en tout cas, s'agiter, se tourmenter ceux qui peuvent nous être contraires... Nous continuons à faire le bien sans tambour ni trompette et l'œuvre de Dieu avance... J'ai de grands projets pour le bien, mais je ne sais pas si le bon Dieu me permettra de les exécuter ».

C'était toujours l'apostolat des noirs qui lui tenait le plus à cœur. Elle pressait la formation des Sœurs destinées à cette œuvre de zèle. « Nous ne négligerons rien pour les mettre à même d'évangéliser les pauvres noirs. C'est la mission qui nous occupe en ce moment. Je me sens animée d'un grand zèle pour le salut de ces malheureux. »

Nous avons vu qu'à la Martinique et dans les autres Antilles les œuvres dirigées par les Sœurs avaient pris un grand développement durant les années 1845, 1846 et 1847. Les filles de la V. Mère réunissaient à certains jours les femmes adultes, même celles qui étaient avancées en âge, afin de leur apprendre le catéchisme et de les préparer aux sacrements. Les missionnaires furent les premiers à bénir Dieu des succès qui étaient obtenus à Bourbon comme à la Martinique ; au Sénégal, à la Guyane, à la Guadeloupe, c'était partout la même générosité, la même ardeur pour travailler à la régénération d'une race tenue jusqu'alors à l'écart des bienfaits du christianisme. « Si le bon Dieu me donnait encore cent ans de vie, disait l'intrépide fondatrice, je voudrais aller les passer au milieu des noirs. » Elle désirait de toute son âme envoyer parmi eux un grand nombre de Sœurs missionnaires. — « Qui nous les donnera, s'inquiétait-elle ? C'est maintenant qu'il faut demander à Notre-Seigneur un petit miracle non de multiplication de pains, mais de multiplication de vocations. » Plus d'une fois la divine Providence se servit de la V. Mère pour attirer des jeunes filles à St-Joseph, de Cluny, à l'occasion de ses voyages en Bourgogne, en Normandie et en Bretagne.

Dans une seule année, en 1849, un essaim de plus de 50 religieuses quitta la ruche bénie de la Maison-Mère pour aller répandre, dans les îles les plus lointaines, les bienfaits de l'Evangile. La V. Mère Fondatrice apportait un grand soin au choix du personnel destiné aux missions des noirs. Elle y envoyait ordinairement des religieuses déjà faites au climat des tropiques et ayant l'habitude des nègres. Elle complétait leur nombre par de jeunes Sœurs de France et qui devaient se former à l'école des premières. Elle faisait aussi des mutations de sujets entre les diverses colonies. Une chose a toujours frappé ses filles, c'est la connaissance qu'elle avait de leurs noms et de leurs aptitudes diverses. On eût dit qu'elle n'avait qu'à jeter un regard sur un tableau placé sous ses yeux.

Un jour, qu'elle se trouvait avec deux jeunes professes, son regard allait alternativement de l'une à l'autre. — Comme vos yeux s'arrêtent sur moi avec inquiétude, ma Chère Mère! lui dit la première.— Eh! oui, mon enfant, je crains que vous ne soyez pas généreuse au service du Bon Maître. — Et moi, reprit la seconde ? — Vous resterez fidèle. L'événement justifia les prévisions de la V. Supérieure. La Sœur qu'elle avait regardée si péniblement ne persévéra pas dans sa vocation ; l'autre au contraire justifia toutes les espérences de la Chère Mère Ce qu'il faut non moins admirer, c'est la docilité parfaite avec laquelle, sur une seule parole sortie de sa bouche ou sur un seul mot tombé de sa plume, toutes les Sœurs, Supérieures ou inférieures se rendaient aux postes assignés par l'obéissance.

On comprend qu'avec un tel prestige la V. Mère ait pu compter sur le dévouement de ses chères filles et leur demander tous les sacrifices pour l'expansion de l'Institut. Son zèle en effet ne se ralentissait pas, malgré son grand âge. A la fin de l'année 1850, des Sœurs lui furent demandées pour le soin des malades et l'éducation des enfants en Californie ; elle accepta « si telle était la volonté de Dieu ». Peu après on lui proposa des établissements en Irlande. « On m'assure, dit-elle, que nous y ferions beaucoup de bien. Si c'est la volonté de Dieu, j'accepte de tout mon cœur cette nouvelle fondation. » Elle se fit une joie de compléter ses œuvres de l'Inde française par la mission de Mahé. Enfin elle décida l'envoi d'un nouveau groupe de religieuses pour l'île Bourbon. Ce fut sa dernière création hors de France. On peut se demander à cette occasion comment, au milieu de la crise violente de son Institut, les vocations d'abord, les fondations ensuite n'avaient pas cessé ? C'est le secret de Dieu. La rentrée en grâce avec Mgr Affre permit d'ouvrir à Paris de petites écoles pour les enfants pauvres sur la paroisse St-Merry ; une maison d'éducation à Creil et le bel établissement de Maisons-Alfort sont de ce temps. Mgr Allou, évêque de Meaux, dota sa ville épiscopale d'un pensionnat pour les enfants des classes moyennes qu'il confia aux Sœurs de Saint-Joseph de Cluny et qui ne tarda pas à se compléter par un orphelinat et un externat en faveur des pauvres ; la V. Mère ne les oubliait jamais, nous le savons, dans les établissements qu'elle fondait. « C'est vers les pauvres, répétait-elle, que nous devons aller de préférence. » L'externat d'Estrées-St-Denis, celui de Chantilly, au diocèse de Beauvais, la colonie agricole du Mesnil-St-Firmin dans le même diocèse, le pensionnat et l'orphelinat d'Alençon remontent aussi à cette époque (1844-45). En même temps la V. Mère augmentait le personnel des Sœurs, sur la demande du gouvernement, dans les grandes colonies, à la Guyane en particulier, pour ouvrir des écoles destinées aux enfants noirs, au moment de la libération des esclaves. Comment, encore une fois, ces merveilles pouvaient-elles s'accomplir dans un pareil moment ? Dieu agit toujours ainsi avec ses Saints. C'est un peu avant ce temps que la V. Fondatrice fit la connaissance du P. Libermann, dont la sainteté lui inspirait une si profonde vénération. Son zèle apostolique, ses missions d'Afrique, son dévouement pour les noirs furent autant de motifs qui poussèrent la Mère Fondatrice à placer sous sa direction les œuvres confiées aux Sœurs de Saint-Joseph de Cluny.

En 1850, un des religieux de la Congrégation du Saint-Esprit, laquelle venait de s'unir sous l'autorité du V. Libermann à la Société du Saint-Cœur de Marie, fut désigné pour prêcher la retraite aux Sœurs de Saint-Joseph de Cluny, rue Méchain. A la suite de ses instructions et des entretiens qu'elle eut avec lui au sujet des missions d'outre-mer, la V. Mère était tout enthousiasmée: « Mais c'est cela, s'écriait-elle, c'est bien cela que je cherchais. Oh! pourquoi donc, au lieu de tant nous tracasser, ne nous a-t-on pas éclairées ainsi, encouragées et redressées avec ces lumières si douces, cette charité, cette bonté qui gagne le cœur, cet intérêt auquel on ne peut refuser sa confiance ? »

Il fut question de placer la Congrégation de Saint-Joseph de Cluny sous l'autorité du Général des Pères du Saint-Esprit. Des difficultés ayant surgi, ce projet ne fut pas mis à exécution ; mais il y avait entre les deux familles religieuses tant de points de contact, tant d'œuvres connexes que les premiers liens formés entre le V. P. Libermann et la fondatrice de Cluny ne firent que se resserrer de plus en plus. Quand les deux Congrégations du Saint-Esprit et du Cœur Immaculé de Marie eurent fusionné en une seule communauté, celle-ci prit son siège principal à la rue Lhomond ; les Sœurs, à cette époque, occupaient déjà leur nouvelle maison du faubourg St-Jacques. Le service de leur chapelle revint aisément, en partie du moins, aux disciples du V. P. Libermann. Le R. P. Levavasseur qui arrivait de l'île Bourbon fut heureux de continuer aux Sœurs de Paris, les soins éclairés et dévoués qu'il avait donnés aux religieuses établies à l'archipel des Mascareignes. Dès sa première entrevue avec le P. Levavasseur, la V. Mère Fondatrice reconnut en lui l'homme que Dieu lui envoyait pour la seconder dans l'accomplissement de ses plus ardents désirs, le développpement de l'esprit religieux et la formation spirituelle dans les membres de son Institut. Non contente de lui confier les intérêts de son âme, elle tenait beaucoup à prendre ses conseils pour tout ce qui intéressait le bien général de la Congrégation. On raconte que, lorsqu'elle attendait sa visite, elle se disposait par la prière et le recueillement à entendre ses avis ; après son départ elle se remémorait ce qu'il avait dit et en tirait le plus grand fruit pour elle et pour ses filles. — « Oh ! disait-elle souvent, comme ce bon Père à l'esprit de Dieu. C'est un saint, profitons à la fois de ses exemples et de ses pieux conseils. »

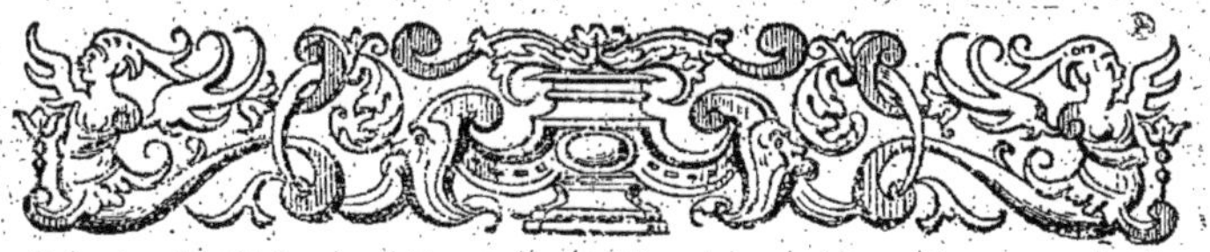

CHAPITRE XIV

Vie intérieure de la V. Mère

Dire avec quels soins la V. M. Fondatrice s'appliquait à former à la vie religieuse et apostolique, les jeunes filles qui se présentaient à elle, c'est soulever le voile discret qui dérobait à tous les regards l'intensité de sa vie intérieure et surnaturelle. « Elle s'efforçait, dit un témoin, de faire germer dans l'âme des jeunes novices ces mâles et sublimes vertus qu'elle a si bien pratiquées. Un jour entre autres, joignant la parole à l'exemple, elle nous parla avec tant de force et d'onction de l'humilité et de la simplicité, ses vertus caractéristiques, que toutes nous fûmes fortement impressionnées, et plusieurs disaient : jamais prédicateur ne fut plus éloquent (1). » La charité est le fruit de l'abnégation, elle va de pair avec l'humilité. Toute sa vie, la V. Mère Fondatrice avait mis en pratique ces deux vertus fondamentales de tout édifice religieux. « Elle insistait beaucoup, lit-on dans les notes d'une novice, sur la charité, le support mutuel et l'oubli de soi-même. Je lui ai

(1) Déjà à Chalon, en 1806, M. Pierre Javouhey, entendant parler sa sœur, affirmait qu'elle prêchait mieux que tous les orateurs qu'il connaissait.

entendu dire qu'il fallait demander l'humilité *cinquante fois* par jour. »

Elle ne cesse dans ses lettres de se dire mille fois indigne de la grande mission dont Dieu l'a chargée en lui confiant le soin de fonder une Congrégation de Sœurs missionnaires. « Je n'y suis pour rien, dit-elle, Dieu seul a tout fait : nous lui devons visiblement notre formation, notre existence et notre développement ; pour moi je n'ai concourru à ce grand travail que par mes fautes et mon incapacité. »

Nous avons retenu son étonnement lorsque, considérant son indignité, elle contemplait la grandeur de sa vocation. Elle ne pouvait comprendre dans sa modestie comment Dieu l'avait choisie pour porter l'évangile aux peuplades du noir continent. Aussi avec quelle ardeur elle suppliait Notre-Seigneur de donner à ses filles et à elle-même ces grâces de zèle et de dévouement que suppose un tel appel d'en-haut.

Son zèle avait pour objet, sans exception, les intérêts des âmes, le salut des infidèles et la conversion des pécheurs. Mais quel n'était pas son dévouement particulier pour cette race noire qu'elle avait vue dans l'abrutissement de l'esclavage, la honte du vice, et la corruption de l'idolâtrie. Sa compassion n'était pas moins grande pour les sectateurs fanatisés du Coran. Les nègres devinrent toutefois ses préférés, en raison de l'abandon où ils se trouvaient. Elle les appelait « ses enfants » et s'efforçait de faire partager à ses filles ses sentiments pour eux. Outre ses peines et ses travaux, elle offrait de ferventes prières chaque jour pour eux et communiait souvent à leur intention.

A moins d'empêchement, elle était chaque matin la première à la chapelle, humblement prosternée devant Dieu et plongée dans la prière. « Pendant mon postulat, rapporte une Sœur, j'étais chargée d'ouvrir la chapelle le matin. Quelle n'était pas ma surprise d'y trouver ma Chère Mère abîmée en Dieu. Depuis quand y était-elle ? Dieu seul le sait. Sa fidèle Annette l'ignorait elle-même, tant cette Chère Mère prenait de précautions pour ne pas l'éveiller. » L'oraison était l'objet de ses vives recommandations ; ici encore elle instruisait plus par son exemple que par ses paroles. « C'est dans l'oraison que Dieu parle au cœur, disait-elle ; c'est là qu'il nous instruit, qu'il nous console... » Elle avait d'autre part tant de choses à lui dire ! A la Guyane, durant ces longs mois où on lui interdisait l'usage des sacrements, l'oraison, ce doux et salutaire commerce avec Dieu, était l'heure réconfortante de sa journée. Pour en tirer tout le fruit, elle se servait des *Maximes de Saint Ignace* ; elle les recommandait à ses filles, disant que ce petit livre lui avait fait beaucoup de bien à elle-même.

On sait que le grand secret de cette méthode, c'est d'abord d'exercer les puissances de l'âme sur les vérités de la foi ou sur un mystère de Notre Seigneur, puis de présenter dans une sorte de contemplation tous les détails du fait évangélique proposé, avec une grande simplicité de cœur et esprit de foi. Telle était précisément la caractéristique spirituelle de la V. Fondatrice. Aussi, a-t-on pu dire que son oraison était très élevée et qu'elle ne perdait pas la présence de Dieu.

Mais elle n'aimait pas que les novices et les professes missent leur dévotion à réciter de longues et nombreuses prières vocales. Elle désirait même que l'on s'habituât à se passer le plus possible du secours des livres, à l'église, pour la sainte messe et la méditation. Une pieuse religieuse écrit à ce sujet : « A la petite

(1) A cette occasion, elle exprimait toute son estime pour les Pères de la Compagnie de Jésus, dignes religieux, tout remplis de l'esprit de Dieu qui avaient donné de très bonnes retraites dans plusieurs de ses communautés. P. Delaplace. Op. Cit. tome II, p. 514.

chapelle de la rue de Valois, je me trouvais, pendant mon noviciat, placée devant ma Chère Mère générale ; or je me rappelle que souvent elle me faisait fermer mon livre, me disant que je devais savoir parler au bon Dieu sans employer le langage des autres. » Elle comprenait que la vraie méthode pour assister avec fruit au saint Sacrifice est celle qu'employaient les premiers chrétiens, suivre le prêtre qui célèbre, s'unir à ses prières et participer comme lui à l'oblation de la divine Victime.

Rien n'était petit, aux yeux de la V. Mère, quand il s'agissait du culte divin et du respect dû à la maison de Dieu. On se souvient du zèle qu'elle mit à arracher aux flammes les ornements (1) qui se trouvaient à la chapelle du château de M. Jannon (2), à Chamblanc. Malgré l'exiguïté de ses ressources elle acheta pour le service de la chapelle de Cluny des ornements qui font encore l'admiration des connaisseurs.

Il est juste d'ajouter que ces acquisitions sont aussi dues en grande partie aux libéralités de la R. M. Sainte-Marie (3), née Zéline de Vermont, Supérieure de la maison de Cluny de 1865 à 1872.

(1) Ils sont aujourd'hui dans le trésor de la sacristie de la Maison-Mère, ainsi que le tabernacle de Souvans.

(2) Les biens du seigneur de Chamblanc qui avait émigré furent vendus du 23 prairial au 26 messidor an II. Il y eut 115 lots adjugés à divers acquéreurs.

(3) Elle était née à La Guadeloupe en 1819. Venue en France pour faire son éducation, elle ne savait quelle voie suivre, lorsqu'elle eut fini ses études. Au sortir de ses retraites, elle n'aspirait qu'à se donner à Dieu ; mais elle perdait toute vocation à la saison des fleurs et pendant les vacances. Elle fut tirée de ses irrésolutions par une grâce extraordinaire. Zéline avait dans la Congrégation une sœur qui se mourait de la poitrine. Le docteur annonçait un dénouement prochain de la phtisie. La jeune fille, devant l'impuissance des moyens humains, fit le vœu d'entrer en religion si la Sainte Vierge guérissait sa sœur. — C'est un vrai miracle que vous demandez, lui objecta-t-on. — Eh oui, mais je serai alors sûre de ma vocation si je l'obtiens.

Elle l'obtint en effet. Sœur Emmanuel reprit toutes ses charges et Zéline entra au noviciat. Devenue M. Sainte-Marie, elle vint comme Supérieure, à Cluny où son souvenir s'est fidèlement conservé.

On cite encore des traits charmants de sa condescendance à l'égard

Le soin de balayer la chapelle, d'y entretenir la propreté était réservé aux postulantes et aux novices. S'il leur arrivait quelques négligences ou qu'elles ne gardassent pas alors la gravité convenable, la V. Supérieure ne manquait pas de les en reprendre avec une certaine sévérité. Elle veillait aussi à ce que toutes les Sœurs de chœur fussent bien exercées à la récitation de l'office de la Sainte Vierge qui se dit en latin ; elle ne pouvait souffrir que l'on estropiât les mots. « C'était, d'après elle, dire des sottises au bon Dieu.»

Voilà pourquoi en toutes circonstances elle s'appliquait à pénétrer ses filles d'un grand esprit de foi : « Une religieuse, une communauté, leur disait-elle, où languit l'esprit de foi est bien malade... La foi ! elle doit remplir nos pensées, nos affections et diriger toute notre conduite... Mes enfants, mes Sœurs, n'oublions pas qu'à l'église, à la chapelle, c'est Dieu qui nous sert et que, près du prochain, des pauvres, des malades surtout, c'est nous qui servons Dieu. » Une des maximes qu'elle aimait à répéter particulièrement au noviciat était « qu'une Sœur de Saint-Joseph devait toujours se tenir prête à trois choses : se confesser, communier et paraître devant Dieu. »

« Le petit train d'une vie parfaite et régulière ne suffit pas, disait-elle encore, dans le temps où nous vivons. Le besoin de sauver les âmes et de secourir l'Eglise, doit produire dans nos cœurs de vifs désirs de sainteté et d'apostolat. » Elle n'ignorait pas, en effet que se sanctifier pour l'Eglise est le concours le plus certain et le plus urgent que nous puissions lui apporter.

C'était son thème favori. « Il nous faut, répétait-elle souvent, des âmes vraiment religieuses, pleines de cou-

des humbles et des serviteurs de la maison. Le boulanger Balandras fut heureux de l'intérêt qu'elle ne cessa de porter à son fils.

rage, d'énergie et de bonne volonté..... Qu'elles aient l'esprit de sacrifice, sachant s'oublier elles-mêmes pour ne s'occuper que des intérêts de Dieu. » Voilà bien ce que la V. Fondatrice désirait trouver dans toutes ses chères filles. « Ce n'est pas tant la science que je vous demande, leur disait-elle encore, c'est le dévouement, mais un dévouement vivifié par l'esprit de foi. Avec cette foi forte et vigoureuse on peut beaucoup, lors même qu'on a peu de savoir. »

Ces paroles étaient d'autant plus remarquables que chacun savait quels soins elle voulait que l'on apportât à la bonne formation de ses futures institutrices. Aussi rien ne lui causait plus de peine que la recherche de soi et le désir de paraître; quelque indulgente qu'elle fût, elle réprimait avec sévérité toutes sortes de prétentions.

« Ma chère fille, écrivait-elle, à sa maîtresse des novices, ne leur enseignez que la simplicité et l'humilité (on voit qu'elle ne craignait pas de se répéter), le reste viendra à la suite et sans danger. Apprenez-leur à ne se compter pour rien. Il faut qu'elles le croient du fond du cœur et que ce ne soit pas seulement un semblant. »

Elle était inflexible pour l'observation de la règle, l'ordre et la bonne tenue. Elle avait conservé, semble-t-il, sous ce rapport, quelque chose de la sainte austérité qu'elle avait vu pratiquer à la Trappe. Si elle n'infligeait pas toujours aux délinquantes des pénitences extérieures, elle ne laissait pas passer les moindres infractions sans vigoureusement les signaler en public et les reprendre. Mais une fois la faute réparée, elle n'y revenait plus et savait au besoin panser la plaie, quand le trait avait pénétré trop avant.

Ainsi elle savait à la fois se faire craindre et aimer. « Tenons-nous bien sur nos gardes, disaient les novices à Cluny, lorsque la V. Mère était attendue, car rien ne lui échappe. » Les récréations étaient aussi pour elle des occasions de donner aux unes et aux autres d'utiles leçons. Un jour, au bout d'une bande, une jeune Sœur qui attendait à Paris son départ pour les colonies, murmurait à demi-voix : « On ne dirait pas vraiment qu'on est à Paris ici, je n'ai pas seulement vu le roi. » La V. Mère se lève aussitôt et dit : « Je m'en vais. — Et où allez-vous donc, ma Chère Mère, s'écrie-t-on de toutes parts ? — Je vais chercher le Roi, ma Sœur X craint de partir sans l'avoir vu. »

Au moment de la séparation et avant d'embarquer ses filles, elle voyait chacune d'elles en particulier pour lui donner les avis et les encouragements dont elle avait besoin ; puis à toutes elle rappelait les précautions à prendre sur le navire pendant la traversée, les imprudences à éviter aux îles à raison du climat, mais surtout les fortes maximes qu'elle n'avait cessé de leur inculquer : « Ne soyez pas des religieuses *de paille*, servez le bon Dieu généreusement, gaiement, avec bonheur ; je n'aime pas voir une religieuse craindre sa peine, avoir toujours peur d'en trop faire... Je ne veux pas de religieuses molles ; quand on agit pour le bon Dieu, on fait ses œuvres avec activité. Ayez un grand esprit de foi dans vos actions les plus ordinaires. Abandonnez-vous toujours à la volonté de Dieu. Faire la volonté de Dieu, mais c'est tout ! Il faut donc la voir en tout, aimer à la faire et la faire aimer... Puis, mes enfants, la charité ! aimez-vous les unes les autres, comme de vraies sœurs ; aidez-vous, encouragez-vous mutuellement ; qu'on ne se contrarie pas pour des riens... Enfin, respectez-vous les unes les autres comme des épouses de Jésus-Christ ; et jamais de ces familiarités ou amitiés particulières ! Je les ai en horreur, parce que c'est une peste pour des âmes religieuses. »

La V. Fondatrice avait pour devise, nous le savons, ces mots qui revenaient souvent dans ses exhortations : « Agir bonnement et simplement. »

Aussi se plaisait-elle à rencontrer dans ses filles ce quelque chose de franc, de rond, de droit qui allait si bien avec ses goûts et ses habitudes. Elle ne pouvait souffrir les détours, les dissimulations, les *portes de derrière*, comme elle disait, non plus qu'une certaine habileté qui sentait la ruse ou l'artifice.

« Vous devez, recommandait-elle aux maîtresses de classe, maintenir une exacte discipline, surveiller vos élèves, ne jamais les perdre de vue ; mais il faut qu'elles trouvent en vous, outre la fermeté de la maîtresse, les sentiments dévoués d'une bonne mère. Gardez-vous soigneusement de l'esprit tracassier, inquiet et méfiant. Si l'enfant s'aperçoit qu'on se défie d'elle, elle pourra faire l'hypocrite et vous ne la connaîtrez jamais à fond ; ou bien par dépit et malice, elle fera ce à quoi elle n'eut pas pensé. »

La V. Fondatrice veut qu'avant tout *l'on aime et que l'on respecte les enfants* ; ses meilleures méthodes d'éducation se ressentent de l'enseignement mutuel qu'elle n'avait pas, nous l'avons vu, hésité à embrasser. La règle de 1827 est remarquable à cet égard, mais on voit que tout est ordonné aussi pour que les élèves confiées aux Sœurs de Saint-Joseph de Cluny soient un jour des mères de famille chrétiennes accomplies.

« Soignez bien les enfants confiées à vos soins, faites-leur bien faire leurs prières ; apprenez-leur soigneusement le catéchisme. Travaillez à former de bonnes chrétiennes, c'est là le principal but de la Congrégation. Si vous négligez l'instruction religieuse, vous ne formerez que des orgueilleuses et ne remplirez pas le but de votre vocation ».

Elle insistait avec force dans ses visites aux maisons sur ces points essentiels à la bonne tenue des classes. Ses avis aux Sœurs hospitalières étaient non moins pratiques. Elles n'avaient du reste qu'à imiter les beaux exemples qu'elle leur donnait, chaque fois qu'elle visitait les malades :

Les voyages en France, comme aux colonies, étaient aussi pour elle une occasion d'instruire. Le temps était partagé entre la prière, la lecture, l'office et de pieuses conversations. La V. Mère faisait le plus souvent les frais de ces causeries intimes. Que de choses les jeunes Sœurs étaient avides d'apprendre de sa bouche sur le temps de la Révolution, par exemple, sur ses catéchismes dans les granges, sur ses ruses à dépister les gendarmes sur les débuts de l'Institut, sur ses travaux en Afrique et en Amérique, etc.

Elle donnait parfois de fortes leçons aux postillons ou voituriers, quand ils venaient à s'oublier. Dans un de ses voyages de Paris à Cluny, par un gros mauvais temps, un charretier ne pouvait faire sortir de l'ornière son attelage de quatre chevaux. Il jurait et frappait à coups redoublés. A cette vue, la digne religieuse n'y tient plus. Elle fait arrêter la diligence, va droit au voiturier, prend son fouet, l'agite d'une main vigoureuse. Au même instant le lourd char s'ébranle et se met en marche. « Apprenez, mon ami, dit-elle au conducteur en lui rendant son fouet, à respecter désormais le saint nom de Dieu. » Elle remonte en voiture aux applaudissements des voyageurs édifiés de son zèle.

Elle se rendait souvent de Cluny à Mâcon pour les affaires de la communauté ; chaque fois, elle était un sujet d'édification pour ses compagnons de voyage par sa retenue et son recueillement. S'il arrivait que des étrangers qui ne la connaissaient pas se permissent des paroles trop libres, la peine qu'elle éprouvait et qui se peignait sur son visage était la meilleure réponse qu'elle pût leur faire et elle n'était jamais perdue. Si d'autre part, la voiture était trop pleine, elle s'offrait volontiers à prendre les petites filles sur ses genoux. Plusieurs de ces dernières se souviennent encore des attentions délicates dont elle les entourait.

« Dans un voyage que j'eus l'occasion de faire avec notre vénérée Mère, de Cluny à Paris, dit une Sœur, j'admirai plus d'une fois sa charité compatissante pour les pauvres, car à tous les relais, cette bonne Mère me faisait remettre par la portière des pièces à tous ceux qui se présentaient. » Une autre religieuse rapporte que dans le trajet de Maisons-Alfort à Paris, la V. Mère donna à un pauvre mendiant tout ce qu'elle possédait, même sa bourse. « — Vous donnez donc tout, ma Chère Mère ? — Il faut se confier à la Providence divine, ce que l'on donne pour Dieu ne reste jamais sans récompense. »

On connait l'aventure qui lui survint dans un de ses voyages en Bretagne. Un jeune poulain, qu'un paysan allait vendre, suivait la diligence. L'animal fut on ne sait comment écrasé par la voiture. Son propriétaire était dans la désolation. La V. Mère lui remit, pour le dédommager un peu, un louis d'or. — Vos deux liards lui serviront beaucoup, dit un gros monsieur empanaché, assis près d'elle, qui n'avait rien donné. Le trait était sanglant, mais la digne religieuse ne répondit que par un sourire modeste ; elle était aussi humble que charitable.

Une pauvre femme n'ayant pas l'argent nécessaire pour aller de Beauvais à Paris eut recours à son obligeance bien connue. La V. Mère n'était pas en fonds elle-même, selon son habitude ; mais elle vit qu'en prenant la dernière place de la voiture, très incommode, il est vrai, à côté de la mendiante, elle pourrait payer les deux places, elle n'hésita pas.

C'étaient des places de rotonde, dans les diligences, qu'elle prenait toujours pour elle et ses filles, par amour de la simplicité et de la pauvreté. Son premier soin était de pourvoir au placement de ses compagnes

La maison de Balthasar Javouhey a Chamblanc. — A gauche, la petite chapelle.

de voyage. Elle montra une fois, dans le trajet de Cluny à Paris, un tel oubli d'elle-même, que le conducteur ne put s'empêcher de s'écrier : « A ce trait de grandeur d'âme, qui ne reconnaîtrait la bonne Mme Javouhey. »

Son amour de la pauvreté la portait à ramasser avec soin les miettes qui tombaient de la table et jusqu'aux brins de fil provenant des travaux de couture. On le devine aisément, sa mise toujours si digne est pauvre. Il n'y avait rien que de simple et de modeste dans son viatique. Elle voyageait un jour avec quelques jeunes Sœurs. —« Voulez-vous, mes enfants, leur dit-elle, que je vous montre un objet qui m'est précieux et que je ne donnerais pas pour beaucoup ? » Et elle tira de sa poche un de ces petits couteaux avec un manche en bois peint que l'on achète aux enfants pour quelques sous, à la foire.

Dans son sac de voyage se trouvait toujours le livre du Saint Evangile. Elle le portait constamment sur soi comme font les bons prêtres (1). Elle le méditait sans cesse et exhortait ses chères filles à y alimenter leur piété. « C'était là, disent les témoins de sa vie intime, la nourriture solide qui convenait à son esprit vigoureux, elle en faisait ses délices et se nourrissait de sa substance. Nous l'avons entendue plus d'une fois faire des instructions à la communauté, sur le saint Evangile ; elle parlait alors avec une onction pénétrante et une facilité qui nous jetaient dans la plus grande surprise. On voyait qu'elle était familière avec le texte sacré... et l'on sentait qu'elle puisait à cette source divine ses sentiments si vifs de foi, d'espérance et d'amour. »

Aussi revenait-elle fréquemment, comme le bon Maître,

(1) L'exemplaire qu'elle a feuilleté tant de fois, passa à sa mort à sa sœur la R. M. Rosalie ; il est conservé comme un trésor précieux. Les amis de feu le cardinal Perraud, évêque d'Autun, attachent le même prix au *Novum* si souvent lu et relu par le grand et saint prélat.

sur le grand précepte de la charité ; elle répétait à l'exemple de saint Jean : « Aimez-vous les unes les autres, mes enfants. Avant de faire la sainte communion, examinez bien si vous n'avez rien à vous reprocher sur la charité... Supportez-vous les unes les autres... L'amour du prochain ne peut mieux se constater et s'exercer que par ce support. »

Les épîtres de saint Paul, parfois obscures dans leur concision, ne déconcertaient pas son esprit ferme et naturellement élevé. Elle citait fort à propos des maximes du grand Apôtre et y puisait le sujet de ses entretiens familiers aux novices et aux religieuses professes. Lorsque en particulier elle parlait de zèle, de charité, d'humilité, c'était le langage de saint Paul, tant elle l'avait étudié, médité et goûté !

L'amour du Sacré-Cœur qu'elle avait puisé sur les genoux de sa mère fut comme le couronnement de sa piété. Personne ne pouvait la voir prier sans émotion, nous l'avons dit en parlant de ses longues stations à la chapelle. Son prie-Dieu de Cluny comme celui de Mana, fut souvent arrosé de ses larmes. Elles coulaient sans bruit avec une douce sérénité. On sentait qu'elle les répandait avec bonheur aux pieds de Jésus-Hostie à qui elle confiait ses peines, ses joies, ses inquiétudes, ses espérances, tous les sentiments de son cœur.

Lorsqu'elle était en prière devant le Saint-Sacrement exposé, la V. Mère avait une attitude si modeste, si anéantie qu'il était impossible de ne pas la voir avec édification. Elle était là sans faire un mouvement, sans regarder qui que ce soit.

« Quand elle venait à Saint-Yon, a écrit la R. Mère Théophile, sa seule présence à la chapelle, pendant la sainte messe en particulier, nous édifiait et nous faisait rentrer en nous-mêmes ; elle se tenait là les yeux ordinairement baissés, immobile et si recueillie qu'elle paraissait s'abîmer et s'anéantir devant la Majesté divine... » Ses recommandations pour la simplicité dans la prière comme partout ne variaient pas. « Mes chères enfants, pas tant de peines ni d'efforts, pensez que N.-S. est là ; exposez-lui vos besoins et tenez-vous tranquilles à ses pieds... Il n'est pas nécessaire de répandre votre âme en tant de paroles ; dites-lui : mon Dieu, je vous aime, mon Dieu, donnez-moi votre amour ! »

Il est superflu de remarquer que cette pratique n'est pas toujours aisée. Elle pouvait suffire à la V. Mère qui ne perdait pas la pensée de Dieu. Habituée à la conversation intérieure avec Notre-Seigneur, elle lui disait beaucoup en peu de mots et puisait toujours sa force dans les pieux élans de son âme embrasée de l'amour de Dieu.

Mais elle n'ignorait pas quels puissants secours les chants liturgiques, les cérémonies sacrées offrent à l'âme pour s'élever jusqu'à Dieu. Elle garda toujours le souvenir des beaux offices qu'elle faisait exécuter à la chapelle de Mana et qui émerveillaient tant ses chers noirs. Comment peindre le bonheur qu'elle goûtait chaque fois qu'avait lieu dans les couvents de Saint-Joseph une cérémonie de vêture ou de profession ? A titre de Supérieure, elle y avait sa place marquée ; elle l'occupa, chaque fois avec une sainte fierté jusqu'à la fin de sa vie.

De leur côté, ses chères filles étaient heureuses de se sentir accompagnées par elle à l'autel, soit pour prendre le saint habit de la religion, soit pour émettre les vœux qui font les Epouses de Jésus-Christ. C'est elle qui donnait à l'Officiant l'attestation demandée par l'Eglise, que les règles canoniques avaient été fidèlement observées.

Le noviciat dure deux années ; les premiers vœux sont de trois, puis de cinq ans ; ils deviennent ensuite perpétuels. La gradation est indiquée par la robe blanche et la couronne de roses que portent les postulantes avant de recevoir le voile blanc ; par le voile noir, l'anneau d'argent et la couronne d'aubépines donnés aux jeunes professes, et enfin par l'anneau d'or et la couronne hérissée d'épines, que garderont toute leur vie les professes des vœux perpétuels.

Tous ces rites approuvés par l'Eglise ont été suivis dans l'Institut dès sa fondation. La V. Mère en pénétrait le sens profond et savait en tirer les plus utiles enseignements pour elle comme pour ses enfants. Aucune solennité n'est plus impressionnante que la profession religieuse. L'Eglise y déploie une pompe, une allégresse nuptiales. Tant que vécut la V. Fondatrice, l'émission des vœux eut lieu un peu avant la sainte communion. L'Epoux des Vierges venait sceller par sa présence leurs engagements sacrés. Combien la V. Mère fut fidèle elle-même à ses saintes obligations, la sainteté de sa vie, l'éclat de ses vertus nous l'ont assez montré.

CHAPITRE XV

Le travail des dernières années.

La grande pensée qui, depuis son appel à la vie religieuse, remplissait l'âme de la V. Mère, était une vive reconnaissance pour un tel don. Elle trouvait des paroles de feu lorsqu'elle entretenait ses filles de leur sublime vocation. « Oh ! que nous sommes heureuses, répétait-elle sans cesse, que nous sommes heureuses ! Voyez, mes enfants, combien notre vocation est grande et précieuse. Quelle noble mission nous est confiée ! Etre appelées à traverser les océans pour aller travailler au salut des âmes, pour les gagner à Dieu, pour attirer par nos instructions et nos exemples de pauvres sauvages à notre sainte religion ! quelles fonctions plus élevées et plus glorieuses ! »

Ces nobles accents d'un cœur tout rempli de gratitude pour un si grand bienfait devenaient de jour en jour plus pénétrants, à mesure que la digne Fondatrice approchait de sa fin. Aussi comme elle affectionnait celles de ses filles qui apportaient le plus de zèle dans les pays de missions !

« Que de fois je parle de vous, écrivait-elle à la Supérieure de Taïti, et que je serais heureuse s'il m'était donné de partager vos travaux ! Après ma mort, la mission de Taïti sera la première que j'irai visiter...

Depuis que le bon Dieu vous a donné de saints prêtres (les missionnaires de Picpus), vous n'êtes pas les plus malheureuses. Que de bien vous pouvez faire ! Que j'aime vos chères enfants ! Vous marchez de pair avec nos chères filles de Madagascar. Elles commencent à faire quelques mariages chrétiens. Les Pères Jésuites élèvent les garçons et nos Sœurs, les filles. Nos maisons de France vont très bien ; nous ne pouvons pas fournir assez de sujets... Courage, toutes mes bien chères filles, la vie est courte, l'éternité ne finira pas ; il faut l'assurer pour le ciel. Priez pour moi, qui le fais tous les jours pour vous à la sainte messe ».

Ces lignes nous montrent que la pensée de l'éternité était dès cette époque familière à la V. Mère. Elle avait apporté dans les pénibles débats qui venaient d'avoir lieu avec l'évêque d'Autun une foi, une simplicité, un abandon à la volonté de Dieu qui devaient lui assurer, non pas le triomphe, terme dont elle ne voulut jamais se servir, mais devant Dieu une pleine et entière justification. Aucune amertume dans son langage ni dans ses lettres ! Elle ne parlait jamais de Mgr d'Héricourt sans le nommer le saint évêque d'Autun. « Il se trompe, disait-elle, mais il veut le bien de la Congrégation ! » Jamais elle ne songea à introduire dans ses démêlés la puissance séculière, qui même lui proposa plusieurs fois et vainement d'intervenir. Elle avait l'oreille de la Reine, celle du Roi, et il lui eût été bien facile de faire arriver à l'évêque l'expression d'un souhait royal. Sa grande confusion était la publicité donnée à ce différend.

A la fin, comme nous l'avons vu, les malentendus cessèrent, les préventions se dissipèrent. L'interdit jeté sur les chapelles de Cluny et de Paris fut levé et les novices rentrèrent presque toutes dans leur asile, à Cluny, à l'ombre du vieux cloître bénédictin. C'était plus le résultat des ardentes supplications que la V. Mère ne cessait d'adresser au ciel, que du tact parfait avec lequel M. Landriot avait dirigé les négociations. Les Statuts anciens, enregistrés au Conseil d'Etat, en janvier 1827, admettant deux noviciats, étaient maintenus, mais la R. Mère accordait que, *pour le moment*, celui de Cluny serait seul ouvert ; et en raison même de ce fait, elle ne refusait point de reconnaître à l'évêque d'Autun une autorité spéciale sur la Congrégation. Toutefois, elle ne put s'engager à résider ordinairement à Cluny, les besoins de l'Institut nécessitant plus spécialement sa présence à Paris.

Au commencement de 1848, la V. Mère Javouhey venait de franchir la frontière de Belgique pour y jeter les bases d'une fondation, quand elle apprit les événements du 24 février, à Paris : la fuite de Louis-Philippe et la chute de son trône. Dans les premiers jours de juin, elle revint en France ; après un court arrêt à Brie-Comte-Robert, elle se disposa malgré l'insurrection à rentrer à Paris auprès de ses chères filles ; mais, arrivée aux portes de la ville, la voiture est requise pour les barricades. La V. Mère s'adressa alors au chef du poste. Celui-ci la reconnaissant s'écrie aussitôt : « Bas les armes ! qu'on laisse passer la citoyenne ! c'est une brave femme que celle-là ! »

Plus loin la scène recommence ; du premier coup, la V. Mère est acclamée. « C'est la générale Javouhey, crie la patrouille, c'est un grand homme que celle-là ! qu'on ne tire pas ! » Elle arrive ainsi à la communauté, escortée d'une troupe d'hommes qui lui servaient de gardes du corps.

Ses chers noirs de la Guyane ne l'oublièrent pas. La Constitution de 1848 leur accordait, comme aux autres citoyens, le droit de vote. Les électeurs de Mana, dans leur reconnaissance, ne songent qu'à un seul nom, celui de la Chère Mère. On leur représente que son élection est impossible. — Alors, qu'on choisisse qui l'on voudra ! disent-ils avec dégoût, si nous ne pouvons nommer la Chère Mère, nous n'y prenons aucun intérêt (1).

De Paris elle put surveiller les événements et tint d'une main ferme les rênes de la Congrégation ; pendant les terribles journées de juin, elle demeura calme et pleine d'espoir. Sa foi et son abandon à la Providence étaient admirables. « Prions, écrivait-elle, ah ! prions sans cesse ! Humilions-nous devant Dieu... Nous sommes sur un véritable volcan, mais saint Joseph prie pour notre Congrégation, c'est lui qui nous protègera ; seulement promettons-lui de ne jamais chercher que la sainte volonté de Dieu et sa plus grande gloire. »

C'est le ton de toutes ses lettres. La correspondance de la V. Fondatrice respire le zèle de l'apôtre et la tendresse d'une mère ; mais les pensées de foi soutiennent son énergie qui, au sein des plus grandes difficultés, ne se démentit jamais. Il y a dans ses écrits des maximes dignes d'une sainte Chantal, des accents de charité que l'on dirait sortir de la plume de saint Vincent de Paul, avec je ne sais quel charme naïf à la saint François de Sales. Partout on y trouve, avec ses exhortations les plus pieuses, des avis pratiques et judicieux et l'on reste frappé de la pénétration d'esprit et de la fermeté de volonté qu'elles révèlent, en même temps que des sentiments d'une charité ardente et toujours généreuse pour Dieu et les âmes.

(1) Le souvenir de la V. Mère Javouhey est impérissable à Mana. Dernièrement (1900) mouraient à la Guyanne les survivantes des Nénées contemporaines et protégées de la bonne Chère Mère. Lorsque les informations canoniques pour l'introduction de la Cause eurent lieu à Cayenne et à Mana, elles avaient été appelées à témoigner sur les vertus et les œuvres de la V. Fondatrice. La plupart sont mortes à un âge très avancé. Elles racontaient volontiers dans leur vieillesse mille petites anecdotes du *bon* Chère Mère et se plaignaient de ce qu'elle semblait les avoir oubliées sur la terre.

La V. Mère Javouhey eut, durant toute sa vie, à écrire de nombreuses lettres. Elle dut les multiplier pendant ses deux dernières années, alors que sa mauvaise santé et ses nombreuses affaires lui interdisaient les longs voyages. La plupart de ces précieuses lettres ont été conservées (1), c'est là que l'on peut trouver le résumé de ses vues et de ses intentions sur la direction à donner à l'Institut de St-Joseph de Cluny, sur son but spécial, les missions, sur l'esprit qui doit animer tous ses membres et sur les vertus qui leur conviennent. A cette époque, un mouvement tout particulier de la grâce travaillait son âme. On s'en aperçoit aisément dans sa correspondance intime avec sa sœur, la R. Mère Rosalie qui était alors à la tête de la maison de Cluny. Lorsque cette pieuse et douce religieuse était à Bourbon, en 1819, la V. Mère Fondatrice lui avait déjà adressé une série d'instructions sous forme de lettres qui, quoique inachevées, sont un véritable trésor pour toute la Congrégation. Elles resteront comme le monument de son zèle et de son esprit religieux.

Plus la V. Mère approchait de la fin de sa vie, plus elle devenait pressante dans ses exhortations à ses filles pour les exciter, par l'acquisition des vertus de leur saint état, à devenir des religieuses selon le Cœur de Dieu. « Travaillons à sa gloire, disait-elle, sans nous laisser décourager par les difficultés qui peuvent se rencontrer. Partout il faut porter la croix, c'est elle qui doit nous conduire au ciel. »

Une des pratiques qu'elle avait toujours recommandées à ses filles, et sur laquelle elle insistait avec plus de force que jamais à la fin de sa vie, était l'abandon à

(1) Les citations que nous avons faites ont été tirées d'un recueil autographié à l'usage des Sœurs de St-Joseph. La Maison-Mère prépare un recueil complet des lettres de la V. Fondatrice qui sera donné au public.

la divine Providence (1)... Attendez tout de Dieu, leur disait-elle, mettez vos peines au pied de la Croix et conservez vos âmes en paix. » Et encore : « Montrez-vous calmes, confiantes en Notre Seigneur d'une manière parfaite. Il nous fait tant de grâces que ce serait un crime de douter de Lui. »

Jusqu'au commencement de 1851, rien ne pouvait faire craindre que la V. Mère touchât à la fin de sa vie. Elle projetait même un voyage à Rome. Le conflit avec Mgr d'Héricourt — nous le verrons bientôt — était sur le point de se raviver. Il fallait enfin trancher cette interminable question de juridiction canonique, en la déférant au Saint-Siège ; l'occasion se présenta d'elle-même. Le prince Borghèse désirait confier aux filles de la V. Mère Javouhey un établissement, situé à deux heures de Rome, pour l'éducation de jeunes orphelins que l'on destinait aux travaux agricoles. C'était une voie ouverte pour un voyage à la Ville éternelle, tant de fois projeté. Les événements politiques de 1848 et 1849, en France et à Rome, empêchèrent encore l'exécution de ce dessein.

A Mgr Affre, mort si glorieusement sur les barricades, avait succédé sur le siège de Paris, Mgr Sibour qui se montra de suite rempli de bienveillance pour la Congrégation des Sœurs de Saint-Joseph de Cluny.

Chacun comprenait qu'en raison de sa grande diffusion en France et hors de France, il devenait urgent d'établir un noviciat à Paris. Mgr Sibour en autorisa donc l'érection pour y faire les cérémonies de vêture et de profession. L'évêque d'Autun opposa de suite de vives réclamations. Heureusement la communauté de

(1) Un des cantiques qu'elle aimait à faire chanter par ses filles, novices et professes, en pleine récréation et qu'elle chantait elle-même avec une sérénité aimable et pieuse était celui de la *Divine Providence*. Oh ! mes enfants chantez-moi, leur disait-elle souvent : « *O divine Providence.* » Elle ajoutait : *Il fait si bon s'y confier.*

Paris trouva dans son Supérieur ecclésiastique, Mgr Caire, un appui aussi intelligent que dévoué. Il répondit aux protestations de M. Landriot, accouru à Paris, d'une façon non moins ferme que sage et mesurée. Mgr l'Archevêque et le nonce du Pape maintinrent au noviciat de Paris les privilèges de droit qui lui avaient déjà été accordés. La V. M. Javouhey à cette nouvelle put chanter son *Nunc dimittis*. Une prise d'habit ayant eu lieu à Paris, le 15 octobre 1849, elle établit, en reconnaissance d'une si grande faveur, le chant quotidien des Litanies de la Sainte Vierge auxquelles on ajoute vers la fin l'invocation : *Mater et magistra Noviciatûs, ora pro nobis*, pieuse pratique qui se répandit à Cluny et dans les autres noviciats.

Mais bientôt, par un heureux concours de circonstances, le noviciat de Paris devint, pour la seconde année de probation, le noviciat central de toute la Congrégation. La B. M. Barat avait senti, elle aussi, la nécessité d'un établissement de ce genre pour la Société du Sacré-Cœur. Le noviciat général devait en effet donner à toutes les religieuses « même esprit, mêmes vues ». La V. Mère se réjouissait hautement de cette grâce que Dieu venait de lui accorder, dit-elle, « d'une manière providentielle. Plus que jamais la Congrégation sera un corps dont les membres ne formeront qu'une famille dont saint Joseph sera le Père et Marie la Mère Générale.... Que cette pensée m'encourage! Elle me rajeunit. »

Saint Joseph lui avait toujours été secourable dans les situations les plus difficiles. Elle avait l'habitude d'avoir recours à lui, comme si elle eût été visiblement assurée de son assistance. Sa conviction était si ferme à cet égard qu'on l'entendait souvent s'écrier : « Nous forçons Dieu par notre bon Père saint Joseph à faire des miracles en faveur de la Congrégation. »

« A tout moment, écrit-elle le 29 octobre 1850, je me trouve si embarrassée que je ne sais comment me tirer du mauvais pas où je me trouve. J'ai recours alors à saint Joseph avec une ferme confiance, et puis vient une bonne pensée que j'avais oubliée : une porte s'ouvre et me voila sauvée ! »

En cette même année 1850, la Supérieure locale de la maison de Paris avait reçu un billet à ordre sans avoir la somme — plusieurs milliers de francs — nécessaire pour le payer. Elle en réfère à la Mère générale qui est dans le même dénuement mais lui dit d'être sans inquiétude. La veille de l'échéance arrive, puis le jour tant redouté du payement, plus aucun délai n'est possible. Que faire ? La caisse, de nouveau consultée, est toujours vide. De plus en plus inquiète, la pauvre Supérieure retourne auprès de la Vénérable Mère qui sans plus se troubler répond : « Personne n'est encore venu ; espérons toujours. » — L'heure approche, on sonne justement à la porte ; c'est sans doute l'employé de la banque ; quel ne sera pas son mécontement !

La V. Anne-Marie garde sa sainte assurance ; au même moment, on lui remet une lettre qu'elle n'attendait pas ; elle contient des valeurs suffisantes pour faire face à la signature de la Communauté. « Voyez mon enfant, dit-elle à la Mère supérieure, si nous, qui sommes les filles de saint Joseph, les enfants de la Providence, devons manquer de foi et de confiance. »

Il faudrait recommencer notre récit, si nous voulions montrer quelle large place l'amour de la sainte Vierge a tenue dans sa vie. Au prénom que la V. Mère avait reçu au baptême elle ajouta le nom de Marie, le jour de sa profession religieuse. A son exemple, ses filles l'adopteront avec bonheur en quittant leur nom de famille.

Dans chacune de ses entreprises, la V. Fondatrice

commençait par la confier à la Reine du ciel ; si le succès secondait ses efforts, elle lui témoignait de suite sa reconnaissance ; mais si des difficultés surgissaient, ce qui était le plus ordinaire, elle redoublait d'instances auprès de sa céleste Protectrice par de ferventes supplications et par des neuvaines en l'honneur de son Immaculée Conception ou bien de son très saint Cœur. Nous avons vu que sa confiance en Marie fut, dès ses premiers essais de vie religieuse, récompensée par des faveurs extraordinaires, sur lesquelles la V. Mère voulut, dans son humilité, que l'on gardât le silence le plus absolu.

On ne put taire, en 1834 (1), la guérison surprenante (pour ne pas employer un autre terme) obtenue par ses prières et celles de ses filles en faveur d'un jeune Indien, admis à l'hospice de Limoux. Il était l'un des derniers survivants de ces enfants de couleur, que le Ministre de la marine, sur sa demande, avait fait venir de nos colonies, en France, pour qu'ils fussent plus tard des apôtres et des pionniers de la civilisation chrétienne auprès de leurs compatriotes.

Leur séjour à Bailleul n'avait pas été favorable à leur santé. La température plus douce du midi fit espérer qu'ils s'acclimateraient mieux à Limoux. Il n'en fut rien hélas ! Ils succombèrent tous, les uns après les autres. Seuls les Sénégalais purent supporter tant bien que mal les rigueurs du climat et continuer leurs études (2).

Michel Royer, qui était d'Haïti, touchait dans les premiers jours de décembre à ses derniers moments. Tout

(1) C'était l'année de l'apparition de la sainte Vierge à Catherine Labouré. Ce fait commençait à être connu depuis quelques mois seulement.

(2) Un certain nombre purent être rapatriés. Trois Sénégalais, Arsène Fridoïl, David Boilat, et Pierre Moussa devenus prêtres rentrèrent aussi dans leur pays où ils furent accueillis avec enthousiasme. Mais ils furent obligés de revenir en France, vers 1893.

espoir de le ramener à la vie était perdu. On lui passa au cou la médaille miraculeuse ; aussitôt un mieux subit se déclara. Le lendemain, l'agonisant de la veille était sur pied. Il n'eut pas de convalescence. M. Le Guillou n'hésita pas à inscrire cette guérison parmi les grâces obtenues par l'intercession de Marie Immaculée et la V. M. Fondatrice lui en témoigna tout haut sa reconnaissance. Jusque sur son lit de mort, comme nous allons le voir, elle ne cessa d'avoir la plus entière confiance en la bonté maternelle et toute puissante de la Reine du ciel. Le rosaire à la main elle ne cessera d'invoquer la Sainte Vierge qu'en cessant de vivre. Nous lisons dans sa lettre du 9 juin 1847, à un moment critique de la Congrégation, ces paroles si touchantes : « Notre bon père saint Joseph a dit à Marie : Laisserons-nous périr nos enfants ? Qui prendrait soin des pauvres Noirs ?... Recommandons tous deux cette affaire à Jésus. ». Elle ajoute que dans son cœur elle les entend lui dire ; « Confiance ! confiance ! ne crains pas les hommes, ils sont impuissants. Travaille à perfectionner l'œuvre qui t'est confiée. »

Sa résolution à cet égard dura autant que sa vie. Seules les étreintes de la mort purent, comme nous le verrons, mettre un terme à son ardeur. On l'entendra encore murmurer au moment de rendre le dernier soupir : « La Congrégation est l'œuvre de Dieu et non la mienne. Dieu va vous le prouver une fois de plus en m'appelant à Lui et en continuant son œuvre plus largement que jamais. » Cette prédiction s'est accomplie à la lettre.

CHAPITRE XVI

Bienheureuse mort

Les sollicitudes perpétuelles que donnaient à la V. Mère la défense et la direction de sa Congrégation, n'étaient rien, comparées à la peine profonde que lui causait l'état du catholisisme en Europe. Pie IX, obligé de quitter Rome, avait pu trouver un asile à Gaëte dans le royaume de Naples, mais restait à la merci des événements.

« Vous partagez, écrit la digne Fondatrice à ses filles de Cluny, les douleurs de toute l'Eglise... Faisons par nos prières, nos mortifications, une sainte violence au Dieu de bonté qui veut une victime pour l'expiation des désordres qui dévorent la société. »

A ses supplications pour le triomphe final de la cause de Dieu et de son Eglise, la pieuse Mère ajouta l'offrande généreuse de sa charité pour le denier de Saint-Pierre. Ses charges devenaient écrasantes, mais elle avait coutume de ne jamais compter avec le bon Dieu, car Dieu de son côté n'avait jamais compté avec elle.

La Vénérable Mère goûta vers le même temps une autre consolation non moins douce pour son cœur animé d'un zèle si ardent. Pie IX érigea à la fin de 1850, trois sièges épiscopaux, précisément dans les trois îles françaises où les Sœurs de Saint-Joseph de Cluny avaient été appelées, dès 1817 et 1822 et où elles avaient enduré de si pénibles épreuves, à Bourbon, à la Guadeloupe et à la Martinique. Les titulaires aux nouveaux sièges obtinrent gracieusement de la V. Fondatrice d'emmener avec eux un certain nombre de religieuses pour renforcer les anciens établissements et en créer de nouveaux. Le choix du personnel et les préparatifs de ces trois départs demandèrent un temps considérable à la V. Mère déja très souffrante, mais elle s'y prêta avec un tel bonheur qu'elle ne se ménagea en rien. Les sacrifices qui lui furent demandés eurent aussitôt leur récompense. Quelle ne fut pas sa joie d'apprendre en particulier que le *Cassini*, qui se rendait à Bourbon, avait levé l'ancre à Lorient, au chant de l'*Ave Maris Stella*, entonné par les ecclésiastiques et continué avec entrain par l'équipage que commandait M. Robinet de Plas, qui, démissionnaire, entra ensuite dans la Compagnie de Jésus (1). Les Sœurs en destination pour les Antilles ne furent pas moins heureuses d'accompagner leurs évêques à Basse-Terre et à Saint-Pierre.

Mais quand les dernières nouvelles parvinrent à Paris, elles n'y trouvèrent plus la V. Mère fondatrice. Durant l'hiver de 1850-1851, sa santé avait décliné rapidement. Son regard se portait plus habituellement vers l'éternité et la pensée de la mort devenait le thème ordinaire de ses entretiens. Un désir lui restait, voir s'aplanir les dernières difficultés et sa Congrégation être approuvée par Rome. La R. M. Rosalie, confidente de toutes ses pensées, l'exhortait vivement à passer les monts.

(1) Son lieutenant E-Alexis Clerc, devenu aussi jésuite, sera un des otages de la commune et donnera son sang pour la foi, le 24 mai 1871. Le second du navire, le capitaine Bernaërt, après une brillante carrière, se fit chartreux. Le *Cassini* offrait donc un spectacle fort édifiant. «Il est impossible, disaient les passagers, d'en perdre le souvenir.»

« J'ai un autre voyage à faire, répondait-elle, et celui-là je le ferai seule. » Il n'y avait pas à se faire illusion ni surtout à se méprendre sur les vrais sentiments de la Vénérable Mère.

Après l'élection de Louis-Napoléon, elle écrit : « Allons ! nous voilà sous l'administration de Bonaparte ! Disons mieux : Dieu se rit des projets des hommes ; il accomplit son œuvre malgré la finesse et la ruse des méchants... Remettons-nous tout entières entre ses mains, profitons de tant de leçons pour notre perfection. Que nous serions heureuses si nous n'avions que le seul désir de faire la sainte volonté de Dieu. »

Ses filles de Limoux la réclamaient avec tant d'instance qu'elle se décida à partir pour le midi. Elle s'arrêta quelques jours à Cluny, où elle trouva tout en bon ordre. La maison de Limoux ne l'intéressa pas moins ; son cœur s'y dilatait. Sans parler de la consolation que lui donnait la parfaite organisation des différentes œuvres, le pays, par son climat, lui rappelait sa chère Guyane et, par le domaine de Massia dépendance de l'établissement, la Bourgogne et ses premiers travaux des champs. Ces souvenirs étaient pleins de charmes pour l'humble religieuse qui aimait à s'appeler « la fille d'un simple laboureur » et qui gardait un souvenir ému à ses bons Noirs de Mana, ses impuissants mais fidèles électeurs à la députation.

Malgré son grand âge, elle voulut, à Limoux, aider aux Sœurs converses pour leurs grosses besognes ; elle se mêla même aux manœuvres qui préparaient de nouvelles plantations de mûriers. Elle écrit : « Nous avons beaucoup à faire ici ; je mange des soupes comme un maçon ; le vent du midi ne me donne pas de forces, c'est comme le vent d'Est au Sénégal. » La cuisinière lui ayant servi un potage à part, la V. M. alla puiser dans la bassine des aliénés. « Je recommencerai, ajouta-t-elle, toutes les fois que vous me donnerez quelque chose à part.» Citons cet autre exemple de son amour de la simplicité. On lui avait préparé une assiette de fraises. — Pour qui sont ces fraises, demanda-t-elle ? — Pour vous, ma Chère Mère. — Comment pour moi ? Vous me regarderez faire ensuite, après avoir bien travaillé ; je n'entends pas cela. »

La voiture qui la conduisait de temps à autre à Massia dut, sur ses ordres, aller très doucement pour que les ouvriers occupés aux travaux de la route puissent y monter. « — Quelle brave femme ! se disaient-ils entre eux, une femme comme ça ne devrait jamais mourir. »

La V. Mère avait le pressentiment que sa fin n'était pas éloignée et elle le disait souvent. « J'ai tout à l'heure soixante-dix ans ; mais je ne suis pas triste, je ne veux que la sainte volonté de Dieu. Il a fait de rien une œuvre qui fait tant de bien dans les cinq parties du monde. Pourvu que nous soyons de bonnes religieuses, je mourrai heureuse ! » Elle eut l'amère douleur de fermer les yeux à sa nièce, la R. M. Clotilde, au moment même où elle se disposait à rentrer à Paris. Cette mort fut un deuil général pour Limoux et pour toute la contrée où la R. Mère Supérieure était très aimée et très estimée. La Congrégation prit également une large part à l'affliction de la V. Mère Fondatrice, qui vit dans ce nouveau deuil de famille un avertissement du ciel.

A Paris, elle avait pris possession, le 1er novembre 1849, d'une grande maison au faubourg St-Jacques et y avait transféré le siège de l'Institut, en même temps qu'elle en avait fait un lieu de retraite pour les Sœurs qui rentraient des Missions. Cette installation provoqua de nouvelles observations de la part de Mgr l'Evêque d'Autun. Se regardant toujours comme Supérieur de la Congrégation, Mgr d'Héricourt fit demander à la V. Mère comment elle pensait faire honneur à ses engagements. Mais ce qui le préoccupait le plus, c'était l'établissement du noviciat de Paris. N'était-ce pas une dérogation aux conventions de 1846 ? Cette fois la réponse fut donnée au prélat par Rome, « où l'on ne reconnaît, lui fut-il écrit, aucun évêque Supérieur général de Congrégation de femmes (1). »

Mgr d'Héricourt, dont la bonne foi était absolue comme précédemment, songea alors à donner à la Congrégation de Cluny une autre Supérieure générale. Les alarmes des filles de la V. Fondatrice, menacées de la perdre (2), avaient été très vives. Elle écrivit à Cluny pour tranquilliser la R. M. Rosalie : «... La mission de Mgr d'Autun est finie ; les difficultés présentes seront sans résultat pour nous. Dieu semble avoir envoyé ce bon Monseigneur pour éprouver son œuvre, montrer sa puissance en donnant gain de cause à de pauvres enfants qu'il protège. » C'est alors que pour donner à la maison de Cluny un nouveau gage de son affection et une garantie de tranquillité, elle envoya à la R. M. Rosalie un tableau de N.-D. de Pitié, consolatrice des affligés et refuge des pécheurs. Cette dévotion à la Mère des Douleurs était jadis très répandue dans l'ancien diocèse de Besançon. La famille Javouhey avait possédé cette touchante représentation de la mise au tombeau que la V. Fondatrice envoyait à Cluny. La confiance que les deux sœurs avaient toujours mise en la divine Mère des Douleurs fut alors pleinement récompensée (3).

Les novices arrivaient en bon nombre à Paris comme à

(1) La nouvelle que la V. Mère Fondatrice se proposait de faire, en compagnie de sa sœur la R. M. Rosalie, un voyage à la Ville éternelle avait déjà provoqué un certain mécontentement à l'évêché d'Autun. Mgr d'Héricourt avait fait savoir qu'il désapprouvait ce projet.

(2) Le bruit courait que Mgr l'Évêque l'avait déjà relevée de sa charge.

(3) La V. M. Barat disait de son côté : « On ne demande jamais rien à Marie désolée sans l'obtenir. »

Il existe à Chamblanc, non loin du couvent, un groupe assez remarquable de N.-D. de Pitié, devant lequel la V. Mère aimait à prier, durant ses divers séjours dans sa famille.

Cluny, mais toujours, selon le mot de la R. M. Rosalie, « *au crochet* ». La V. Mère le traduisait par « un composé de la sainte pauvreté. » Elle ajoutait : « Nous forçons le bon Dieu, par notre père saint Joseph, à faire des miracles. »

Le noviciat de Paris avait à sa tête une jeune mais éminente religieuse, la R. M. Marie de Jésus, originaire de Cluny et qui avait fait ses preuves à la Martinique. Elle pria la R. Mère Rosalie de venir visiter sa petite communauté : « Venez, écrivit-elle, au milieu d'enfants qui vous aiment et dont vous ferez la joie... Ayez la bonté de nous recommander aux ferventes prières des novices de Cluny, afin que nous ne fassions qu'un seul cœur et un seul troupeau en N.-S. »

La M. Rosalie vint en effet passer quelques semaines à Paris, et sa sœur la V. Mère Fondatrice, la remplaça à Cluny qu'elle visita pour la dernière fois. Les deux noviciats allaient de pair et offraient l'un et l'autre les meilleures espérances pour l'avenir.

Rentrée à Paris, la V. Mère se rendit à Senlis avec sa sœur. Elle se trouva fatiguée de ce petit voyage et dut s'aliter, le 28 mai ; mais elle sembla se remettre. Quand les Sœurs, qu'elle avait désignées pour un second départ en destination de Bourbon, vinrent lui demander sa bénédiction, elle leur dit : « Adieu, mes enfants, adieu, nous ne nous reverrons plus ici-bas. »

Mais tandis que le corps s'affaiblissait, son âme prenait son essor vers l'éternelle patrie. La V. Mère n'interrompait la récitation de son rosaire que pour repasser dans son souvenir les bienfaits de Dieu à son égard. Les épanchements qu'elle eut à ce sujet avec sa sœur, la R. M. Rosalie, sont admirables : « On croit que je dors, disait-elle, quand je suis tournée du côté du mur ; oh ! je suis bien éloignée de dormir ; je repasse en ma mémoire tous les bienfaits de Dieu pour nous. Ils sont si grands, si nombreux, si immenses que j'en suis confondue !... Ce qui m'étonne, ce n'est pas que Dieu ait pu se servir de nous, qui n'étions que de pauvres filles de village, pour établir cette œuvre déjà si utile, et qui s'étend aujourd'hui dans les cinq parties du monde, car dans la main de Dieu les plus faibles instruments peuvent de grandes choses ; mais ce qui surpasse mon étonnement, c'est de voir que Dieu ait disposé en notre faveur des hommes d'esprit, des personnages de la plus haute distinction, je dirai même tous les gouvernements qui se sont succédé depuis cinquante ans, au point d'accorder confiance, aide et protection à une pauvre petite fille qui n'avait pour elle que la grâce d'une forte et divine inspiration... Nous étions bien jeunes alors ! Pour moi, je vois tout cela avec un bonheur et une reconnaissance inexprimables. Qui pourrait douter après cela, que la Congrégation ne soit l'œuvre de Dieu seul ? »

Comme on l'a remarqué, cette douce et ferme assurance revenait sans cesse dans ses lettres ; elle emplissait aussi son bon cœur. C'était tout son bonheur pour le présent, toute son espérance pour l'avenir. Combien sont pressantes les recommandations qu'elle adressa durant ses derniers jours à la M. Marie de Jésus, maîtresse des novices. « Formez-les, lui disait-elle, au détachement, à l'esprit de sacrifice, afin qu'elles deviennent des religieuses d'une vertu ferme, énergique, courageuse et non pas des personnes maniérées, affectées, pleines de recherche d'elles-mêmes et ne s'appuyant que sur une piété factice qui ne sait résister à rien. » Puis elle ajoutait avec une expression fortement accentuée et convaincue : « Il nous faut des vertus vigoureuses et robustes, fondées sur la foi, l'abnégation et l'amour de Dieu, et non des mijaurées. »

Tel avait toujours été son idéal pour l'Institut de Saint-Joseph de Cluny ; jusqu'à la fin elle maintiendra très haut avec une sainte fierté le but apostolique de la Congrégation. Elle en parlait encore quand on lui apprit que Monseigneur d'Héricourt venait de mourir inopinément, le 8 juillet, à quatre heures du matin (1), victime de son dévouement pour les âmes. — « Comment ! il est mort ce bon Monseigneur ! Oh ! que le bon Dieu ait son âme ! car s'il m'a été une grande occasion d'épreuve et de peine, il l'a fait pour le bien et le bon Dieu le récompensera pour ses bonnes intentions. Du reste, il m'a été bien utile à moi-même et à l'Institut. » Elle méditait sur ce sujet le jour et la nuit. Elle priait pour le prélat défunt dès qu'elle s'éveillait, ce qui arrivait souvent. « Nous devons, disait-elle, considérer Mgr d'Autun comme l'un de nos bienfaiteurs. Dieu s'est servi de lui pour nous envoyer l'épreuve, quand nous n'entendions autour de nous que des louanges. C'était nécessaire, car avec les succès qu'obtenait notre Congrégation, nous aurions pu nous croire quelque chose, si nous n'avions pas eu ces peines et ces contradictions. » Elle se tut, puis sembla se recueillir et prier, comme elle en avait l'habitude. Aucune des personnes présentes ne pensait que c'étaient là ses dernières paroles. Mais la mort arrivant, un prêtre fut appelé en toute hâte. Il ne put se présenter assez tôt dans la chambre de l'agonisante pour lui renouveler l'absolution. La V. Mère avait reçu le saint Viatique dans la nuit du 4 juillet, avec les plus vifs sentiments de foi et de piété. Comme pour saint Ignace de Loyola, les circonstances ne permirent pas de lui administrer l'Extrême-Onction, sans doute pour la consolation de ses chères filles qui seraient privées de la présence du prêtre à leurs derniers moments.

(1) Durant la nuit qui précéda sa mort, on entendit le pieux prélat s'écrier de temps en temps : « Mon Dieu, vous le voulez, mon sacrifice est fait ; O Marie ! O Marie ! »

L'éloge du vénéré défunt était dans toutes les bouches, mais sa plus belle louange fut l'état où il laissait le diocèse d'Autun. A son arrivée en 1829, il y avait plus de 60 paroisses sans curés. Pendant son épis-

« On se plut même à croire dans la communauté, que cette fin si douce, si calme, sans aucune de ces angoisses qui accompagnent d'ordinaire les derniers instants, était due à la protection de saint Joseph, que notre vénérée Mère avait toujours invoqué en vue de sa mort. On lui avait souvent entendu dire, en effet, qu'elle demandait de nombreuses grâces à notre bienheureux père et patron pour notre cher Institut, mais que, pour elle personnellement, la grâce qu'elle sollicitait, c'était de mourir sans agonie. Cette suprême épreuve fut épargnée à la vénérée Mère : au lieu du douloureux spectacle des dernières luttes, elle avait pu donner à ses filles, un quart d'heure seulement avant d'expirer, le consolant exemple de sa foi profonde, de son humilité et de l'élévation de ses sentiments. » Elle rendit le dernier soupir entre les bras de ses chères filles, le 15 juillet, vers 6 h. du matin.

« Elle était âgée de soixante et onze ans et demi, et avait gouverné pendant quarante-quatre ans la Congrégation, qu'une grâce évidemment venue d'en-haut l'avait inspirée de fonder. Pendant ce laps de temps, elle avait vu sa famille religieuse grandir peu à peu et compter, avant sa mort, environ 900 membres. Outre la France, où les divers établissements en occupaient plus de 500, près de 170, étaient répandus en Amérique : à St-Pierre et Miquelon, la Guadeloupe, la Martinique, l'île de la Trinidad (Antilles Anglaises), la Guyane française. Le même nombre se retrouvait à peu près en Afrique, c'est-à-dire au Sénégal, à Gorée, aux petites îles de Madagascar ; Saint-Marie, Mayotte, Nossi-bé, et à l'île Bourbon. Vingt-cinq à trente autres se dévouaient dans l'Inde,

copat, il obtint l'érection de 47 nouvelles paroisses. De 107 total de ces deux nombres, huit seulement restaient vacantes à sa mort ! Mgr d'Héricourt avait plus de 50.000 francs de rente, en 1839. Il en laissa à peine 15.000 au cardinal Mathieu, sod héritier, avec charge de tout employer en bonnes œuvres.

aux comptoirs français de Pondichéry et de Karikal ainsi qu'aux îles de Taïti en Océanie, jusqu'où l'Institut avait jeté ses rameaux. C'était donc là l'œuvre d'une seule femme, à qui la grandeur de sa confiance en Dieu avait fait poursuivre sans défaillance, malgré de nombreuses épreuves, ce qu'elle avait cru être dans les desseins de la divine volonté (1). »

Son corps resta exposé huit jours durant, dans l'oratoire du noviciat converti en chapelle ardente. Il est inutile d'insister sur les témoignages de vénération et de reconnaissance qui éclatèrent de toutes parts en France et à l'étranger, à la nouvelle que la pieuse et célèbre Fondatrice venait de trépasser. Le Ministère de la marine et des colonies envoya de suite une délégation importante au service qui fut célébré à la Maison-Mère. Dès le 17 juillet, M. Jubelin, ancien gouverneur de la Guyane, avait exprimé sa douleur par une lettre où nous lisons : « Il y a trente-six ans que j'étais en relation avec Mme Javouhey ; j'ai vu son œuvre naître et se développer et j'ai pu apprécier de fort près ses vertus et son génie. J'avais pour elle admiration, respect, dévouement... »

L'inhumation de la vénérée défunte ne pouvant avoir lieu à la petite chapelle des Sœurs, à Paris, il fallut négocier au Ministère pour la translation de ses restes à Senlis. Il y eut alors, dans les salles d'attente du ministre, une singulière coïncidence qui causa une pénible surprise aux filles de la V. Mère. Elles se rencontrèrent avec M. Devoucoux, un des vicaires capitulaires d'Autun, tenant ostensiblement à la main le livre des Constitutions de l'Institut, relié en rouge. « On craignait donc à Autun de nous voir échapper pour la nomination de la Supérieure générale au contrôle de l'autorité

(1) *Annales historiques*, p. 720, 721.

diocésaine à laquelle nous rattachait Cluny, Maison-Mère de l'Institut (1). » Le ministre des Cultes, en apprenant la mort de la V. Mère, s'écria : « Quelle perte pour la France ! Quels services cette femme nous a rendus ! » Il accorda pleinement l'autorisation qu'on sollicitait. La translation des restes de la V. Mère eut lieu, le 22 juillet, à Senlis et, le 24, le service funèbre fut célébré à l'église paroissiale de la ville, en présence d'une assistance aussi nombreuse que recueillie. Le corps fut descendu ensuite au caveau préparé à la chapelle des Sœurs de Saint-Joseph de Cluny, où il repose, en attendant les honneurs que le Décret de Pie X nous donne le droit d'espérer (2).

Voici la situation présente de la Congrégation d'après la statistique que nous a transmise la Maison-Mère des Sœurs de Saint-Joseph de Cluny. C'est l'état très précis de l'institut pieux, au 1er janvier 1908. « Malgré la persécution, vous constaterez, nous écrit la Secrétaire générale, que la divine Providence ne nous abandonne pas ; le ciel soit béni ! et la gloire de Dieu procurée ! »

La famille religieuse de la V. M. Anne-Marie Javouhey compte à l'heure actuelle en chiffres ronds 4.000 Sœurs, réparties entre 292 communautés, et disséminées dans les cinq parties du monde.

En Europe : La France, l'Espagne, le Portugal, l'Italie, la Belgique, l'Angleterre, l'Ecosse, et l'Irlande.

En Afrique : La Sénégambie, Sierra-Leone, Angola, Mozambique, Zanzibar, les Seychelles, Bourbon et Madagascar.

En Asie : les Indes et l'île de Ceylan.

En Océanie : Taïti, la Nouvelle-Calédonie,

En Amérique : Haïti, la Trinidad, Cayenne, le Pérou, le Chili.

(1) *Op. cit.* p. 726.
(2) *Vide infra*, p. 163.

*
* *

Il ne sera pas sans intérêt d'indiquer, à la suite des précédentes statistiques globales, quel fut le mouvement ascensionnel de la Congrégation durant les premières années de son histoire. Notre-Seigneur sembla vraiment l'avoir placée dans son Cœur, auquel elle s'était consacrée, pour qu'elle pût faire de si rapides progrès. *Ascensiones in Corde suo disposuit* (*ps.* 83, *v.* 6).

Au jour mémorable de leur consécration à Chalon, le 12 mai 1807, les premières sœurs de Saint-Joseph étaient au nombre de neuf; de 1808 à 1810, douze autres firent profession à Autun. Le noviciat, transféré à Cluny en 1812, ne put fournir tout d'abord qu'un petit nombre de sujets ; l'Institut encore peu connu comprenait seulement, de 1810 à 1820, quarante-cinq à soixante religieuses. De Bailleul sortirent, de 1820 à 1823, en majeure partie les premières religieuses qui furent appelées aux Missions des colonies. En 1830, la Congrégation comptait 500 membres environ.

De 1835 à 1845, Cluny dut suffire presque seul aux divers établissements, tant de France que de l'étranger. Mais alors l'Institut ayant pris une grande extension aux pays d'Outre-mer, des vêtures et des professions eurent lieu dans divers diocèses, jusqu'à ce qu'enfin le noviciat du Nord eût été rétabli à Paris, en 1849. A cette date, la Congrégation de Saint-Joseph de Cluny renfermait déjà près de 900 professes. Après la mort de la Vénérable fondatrice, la marche en avant de sa pieuse famille ne s'arrêta plus. Il y eut entre les noviciats de Cluny et de Paris une sainte émulation qui permit de combler les vides causés par la mort et de créer des nouveaux postes.

Au 1er janvier 1863, douze ans après le départ pour l'éternité de la V. Anne-Marie, l'Institut avait presque doublé. Nous ne pousserons pas plus loin cette échelle proportionnelle qui resta la même, tant que la liberté d'enseignement fut laissée aux congrégations. La fermeture des écoles tenues par les Sœurs de Saint-Joseph, amena un fléchissement sensible dans les entrées aux divers noviciats. C'était là conséquence inévitable de tant de ruines ; nous avons le ferme espoir que tôt ou tard, elles seront relevées. En attendant, les filles de la V. Anne-Marie Javouhey redoublent d'ardeur dans les œuvres apostoliques qu'elles ont conservées et qu'elles gardent avec un soin jaloux comme l'héritage spécial de leur Mère. Le courage déployé par leurs devancières, la couronne de gloire que Dieu a déposée sur leurs fronts, les besoins de plus en plus grands des âmes sont autant de motifs qui enflamment leur zèle.

Il y aurait, à cette occasion, une très belle statistique à établir, mais les anges du ciel pourraient seuls nous en fournir les éléments, c'est la liste glorieuse des élues que la Congrégation de Saint-Joseph de Cluny a enfantées pour l'éternelle patrie. Religieuses missionnaires, elles ont succombé en grand nombre sur les plages désertes de l'Afrique, de l'Asie et dans les savanes du Nouveau-Monde. Combien sont mortes aussi, victimes de leur dévouement, au chevet des malades, dans les léproseries, dans les dispensaires et les hôpitaux ! Qui dira enfin ce qu'il a fallu de courage et d'abnégation à toutes ces vaillantes et humbles institutrices de l'enfance pauvre et abandonnée ?

Au jour de la résurrection, elles se réuniront toutes en phalanges serrées autour de leur Mère pour suivre l'Agneau partout où il ira et chanter avec les Vierges le cantique qu'elles seules pourront lui adresser.

Par une grâce spéciale, les filles de Saint-Joseph bénéficient dans une large mesure de la protection dont il couvre les agonisants. Que d'exemples nous pourrions donner ! Les annales de la Congrégation sont riches en traits édifiants, en sacrifices généreux, en paroles enflammées et même en chants d'allégresse qui souvent accompagnent les derniers instants de nos ferventes religieuses.

A ce premier gain qui est le patrimoine de la famille s'ajoutent les fruits de grâce et de bénédiction cueillis sur toutes les plages de l'Ancien et du Nouveau-Monde par les dignes filles de la V. M. Javouhey : petits enfants en danger de mort baptisés par elles, infirmes et malades agonisants, qui leur devront une réconciliation suprême avec Notre-Seigneur.

Lorsqu'elle dicta aux héritières de son zèle ses dernières instructions, la V. Mère leur annonça textuellement : « Après moi Dieu continuera son œuvre plus largement que jamais. » Cette prédiction s'est accomplie en tous points. En leur léguant le soin des pauvres et des malheureux, elle leur transmit son esprit, un courage à toute épreuve. Mgr de Courmont, président du tribunal de la Cause, l'a bien peinte : « Voyez, dit-il ce quelque chose d'accentué, de robuste dans l'expression du visage qui n'est que l'expression de son âme. La Chère Mère avait une intelligence ferme, pondérée et ne se laissait jamais entraîner par l'imagination. Elle avait un cœur fort qui savait aimer avec tendresse, aimer les choses grandes nobles, saintes, dignes d'une religieuse. Sa volonté était énergique, persévérante, capable de renverser les obstacles qui l'empêchaient de suivre l'inspiration divine(1).»

C'est le même courage, la même abnégation que nous retrouvons dans ses chères filles. Là encore il y aurait à faire une statistique qui ne sera dressée qu'au jour des récompenses éternelles. Il ne nous appartient donc pas de soulever le voile qui cache à tous les regards tant d'actes de dévouement accomplis en toute simplicité, sous l'œil de Dieu(2). Bornons-nous, pour conclure, à citer la fin héroïque des religieuses de Saint-Joseph qui périrent victimes de leur dévouement, dans ces cataclysmes si fréquents sur les côtes d'Afrique et aux Antilles.

Le 11 octobre 1882, un ouragan terrible se déchaîna sur Mahé-des-Seychelles et causa les mêmes ravages qu'à la Guadeloupe en 1825. Deux sœurs furent noyées en voulant porter secours à leurs élèves accourues chez elles avec leurs parents.

L'épouvantable catastrophe du 6 mai 1902, à la Martinique, est encore présente à toutes les mémoires. La Congrégation possédait à Saint-Pierre plusieurs établissements florissants. Maîtresses et élèves disparurent dans le gouffre où s'engloutit la ville entière. On sut, par les rares survivants, que les Sœurs avaient été admirables de dévouement, en voulant arracher aux flammes et aux vapeurs pestilentielles du volcan les enfants et leurs familles réfugiées dans les oratoires des couvents. Le nombre de ces glorieuses victimes s'éleva à plus de trente ; leurs noms sont inscrits au livre de vie.

En 1903, le général Galliéni, gouverneur de Madagascar, ne craignit pas de rendre hommage à la mémoire de deux jeunes religieuses de Majunga qui s'étaient

(1) Discours prononcé à la Maison-Mère, 19 février 1908.

(2) On sait avec quel talent Mgr Baunard a enrichi par ses pieuses monographies son *Histoire de la B. M. Barat.*

jetées à la mer pour en retirer cinq fillettes que les flots avaient entraînées.

Dans le cours de l'année 1908, au mois d'octobre, la peste éclate à Angra, aux îles Açores. Les courageuses filles de la V. Mère se relayent au poste d'honneur, avec la docilité du soldat et l'héroïsme des saints. En moins de dix jours, plusieurs d'entre elles succombent atteintes par le fléau ; elles sont remplacées aussitôt.

Deux autres ont trouvé la mort dans des circonstances non moins dramatiques, pour avoir préféré à tout la garde de leur innocence. La première était restée seule sur un bateau qui s'abîmait dans l'Océan, en vue de Saint-Louis, au Sénégal. Un marin s'offrit à la transporter à la nage sur la terre, mais il fallait pour rendre possible le sauvetage, se résigner à un sacrifice trop délicat pour une vierge consacrée au Seigneur.

La seconde était poursuivie par un misérable employé dans l'hôpital d'Iquique où la jeune religieuse se dévouait aux soins des malades. Furieux de sa résistance énergique, il déchargea sur elle deux balles, l'une à la tête, l'autre au cœur et se fit ensuite justice à lui-même. La mort de la digne fille de la V. Mère Anne-Marie causa une impression profonde à Iquique — « C'est une martyre, elle est au ciel, s'écrient l'Intendant de la ville et l'Administrateur de l'hôpital aussi bien que le Vicaire apostolique. »

Ainsi cueillent les roses et les lis, dans le jardin de l'Epoux, les généreuses enfants de Saint-Joseph. Qui n'admirerait de tels exemples ? Qui ne bénirait Dieu d'avoir suscité dans ces temps de froid et honteux égoïsme, une famille religieuse qui dans l'Ancien et le Nouveau-Monde se dépense sans compter ? Honneur et reconnaissance à sa grande et pieuse fondatrice ! !

Le R. P. Boubée de la Compagnie de Jésus, a chanté en des vers harmonieux les gloires de la V. Mère, à l'occasion du centenaire de la Congrégation, le 12 mai 1907. Nous ne résistons pas au plaisir de citer quelques strophes de *l'apothéose*. Le délicat poète a vu la harpe du ciel s'agiter « Sous l'invisible doigt des brillants séraphins. Il a entendu leurs douces mélodies :

« Seigneur, chante une voix, sur un loitain rivage
Elle soigna le pauvre et le déshérité. .
Que ces âmes d'enfants ravis à l'esclavage
Forment sa cour d'honneur pendant l'éternité !

« Seigneur, dit un second, si chez des milliers d'hommes
L'erreur a vu finir son règne indéfini,
C'est que, près des gardiens célestes que nous sommes,
Cette femme envoya les vierges de Cluny. »

Un autre ange, le front couronné de liane,
Vint alors de la terre et dit : « J'ai réuni
Des âmes et des fleurs de ma pauvre Guyane
Pour faire une guirlande aux vierges de Cluny. »

Et l'hymne qui montait, sur les nuages calmes,
Du fond du Sénégal, chantait : « Soyez béni,
Seigneur ! pour nos déserts vous avez fait les palmes,
Et pour nos orphelins, les vierges de Cluny ! »

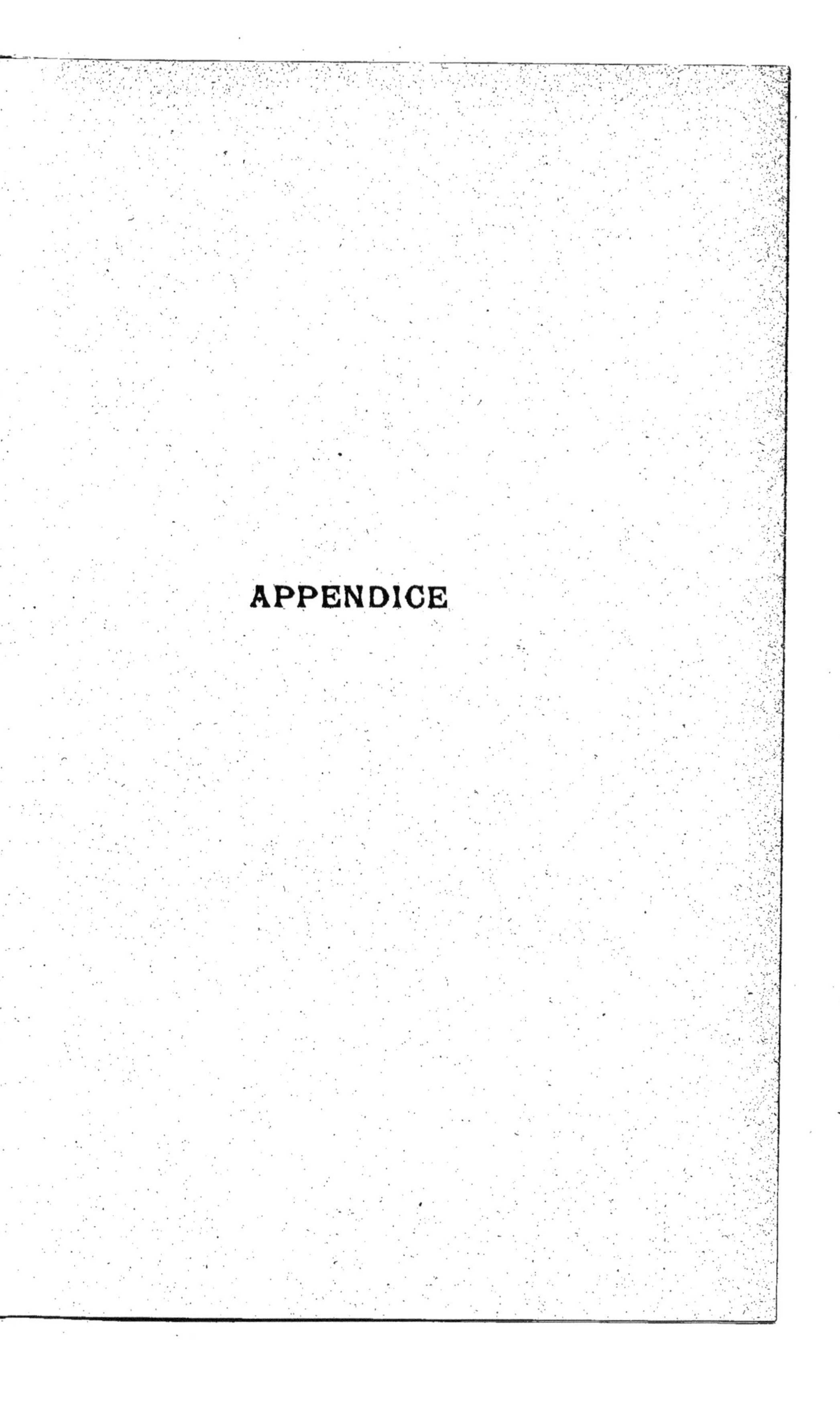

APPENDICE

DÉCRET, CAUSE DE PARIS

DE

BÉATIFICATION ET CANONISATION

DE LA

VÉNÉRABLE SERVANTE DE DIEU

Anne-Marie JAVOUHEY

FONDATRICE

DES

Sœurs de Saint-Joseph de Cluny

« Les sœurs dites de Saint-Joseph de Cluny, sont répandues au nombre de quatre mille et plus en diverses maisons et jusque dans les régions les plus éloignées du globe. Unies dans le même dessein et le même zèle de prière et de travail, elles se proposent de chercher la gloire de Dieu, le bien et l'accroissement de la société chrétienne. Entourant, comme des rejetons d'oliviers, leur fondatrice, Mère heureuse d'une postérité si nombreuse de filles, Anne-Marie Javouhey, elles la voient briller d'une nouvelle splendeur et s'en réjouissent. La Cause de sa béatification à introduire devant la sacrée Congrégation des Rites, après avoir été proposée e discutée, s'est clôturée par une heureuse solution.

« La servante de Dieu est née au village de Jallanges, au diocèse de Dijon en France, le dix novembre dans la même année 1779 et dans la même province de Bourgogne que la Vénérable Madeleine-Sophie Barat, Mère et fondatrice de la société des Sœurs du Sacré-Cœur de Jésus. L'autorité apostolique a décrété qu'on pouvait aussi procéder en sûreté à la solennité de sa béatification.

Les pieux et honorables parents d'Anne, Jean-Balthazard Javouhey et Claudine Parisot, le lendemain de sa naissance, fête de saint Martin, évêque de Tours, prirent soin de faire purifier leur enfant dans le sacrement de la régénération. Au sein du foyer domestique, grâce surtout aux soins de sa mère, la jeune fille croissait en âge et en vertu. Elle donnait de nombreuses preuves de modestie et d'intelligence ; unissant l'innocence des mœurs à la ferveur de la piété, elle devançait ses frères et ses sœurs et, par les effusions de sa charité, elle venait en aide aux pauvres et aux malheureux.

« Avec sa famille, quittant le village natal, elle regagna la maison paternelle et la paroisse de Chamblanc, où bientôt elle fut ointe du saint-Chrême, et jugée digne, à peine âgée de neuf ans, d'être admise à la table eucharistique, sur les conseils du curé Rapin, en raison des dispositions particulières de la jeune fille, qui suppléaient au défaut d'âge. Cependant, en pleine guerre civile et dans le bouleversement du royaume de France, ce même curé fut contraint de s'exiler de sa patrie. Privée des secours spirituels, la servante de Dieu s'abandonna quelque peu aux vanités de la jeunesse. Bientôt après elle se ressaisit, sur les avis du pieux missionnaire Ballanche, qui était venu du diocèse de Besançon dans les bourgs de Seurre et de Chamblanc, pour y exercer le saint Ministère. Rappelée par son conseil à ses premiers desseins, Anne les exécuta soigneusement ; les églises publiques étant fermées, elle fit édifier un oratoire domestique consacré à sa patronne sainte Anne. Là, elle accomplissait dévotement ses exercices de piété et se dépensait à préparer les jeunes cultivateurs et les enfants des deux sexes, par des leçons de catéchisme et par une instruction solide, aux sacrements de Pénitence et d'Eucharistie. Elle s'employait aussi à arracher les ministres de l'Eglise au danger de la prison et de la mort, à leur offrir des retraites sûres, à les conduire dans les maisons des malades pour leur bien et leur soulagement spirituel. Ces œuvres saintes, lui méritèrent une grâce abondante et la vocation religieuse ; c'est avec l'assentiment de son père que le 11 novembre 1798, devant le susdit missionnaire Ballanche offrant le saint sacrifice, elle promit solennellement de se dévouer entièrement à l'éducation des enfants et au soin des malades. Elle mit de suite à exécution cette promesse, dans son propre village et dans la maison de son frère Etienne, puis la continua dans la ville de Besançon, à la maison des Sœurs de la Charité, auprès de leur Vénérable institutrice Jeanne Thouret. Les douceurs de la vie religieuse, qu'elle avait goutées au commencement, ne durèrent pas longtemps ; troublée de fréquentes angoisses, elle criait à Dieu avec saint Paul : « Seigneur, que voulez-vous que je fasse ? » Réconfortée, d'après ses dires, par la vue et les paroles de sainte Thérèse qui lui montrait du doigt des enfants de diverses couleurs, debout auprès d'elle, Anne sortit de cette maison religieuse, le 28 novembre 1800, pour suivre sa vocation particulière.

« Ce fut d'abord dans sa paroisse natale, à Seurre, puis dans une seconde, à Souvans, et enfin dans une troisième, à Choisey, qu'elle instruisit les enfants pauvres et les petites orphelines, avec l'aide de ses sœurs Marie et Claudine. Rappelée par son père dans le bourg de Chamblanc, elle y établit sa résidence avec Claudine et quelques compagnes, et y jeta les premiers fondements de son Institut, dans une maison et dans un oratoire annexe construits dans ce but par son père lui-même.

« Invitée par M. Olivier, curé de Saint-Pierre à Chalon,

elle s'y rendit à l'occasion du passage du souverain Pontife Pie VII, qui non seulement lui donna la sainte Eucharistie, le jour de Pâques, 14 avril 1805, mais encore l'encouragea à l'œuvre des écoles si utiles à la société et à la religion. Alors, dans cette même ville, grâce aux soins du susdit curé, elle put ouvrir une école et élever une chapelle qui fut, le 20 août 1806, bénite et consacrée à Dieu en l'honneur de saint Joseph, époux de la Vierge Marie. La nouvelle Congrégation lui doit son nom et son titre. Le conseil municipal, le préfet du département, l'évêque du diocèse jugèrent la fondation des écoles et de la Congrégation si opportune et si nécessaire qu'ils mirent un merveilleux accord à leur obtenir l'autorisation légale, qui fut concédée par un décret signé de Napoléon Ier, le 12 décembre 1806, et ensuite complétée par l'érection canonique donnée par l'évêque. Ce fut un jour mémorable que le 12 mai 1807, où, dans l'église Saint-Pierre, en présence du clergé, de la population, des magistrats civils, les quatre sœurs et cinq autres jeunes filles qui s'étaient jointes à elles, prirent l'habit religieux pendant la messe célébrée par l'évêque d'Autun, et émirent les trois vœux accoutumés, avec la promesse de se livrer à l'éducation des pauvres. Le même jour, à l'unanimité des suffrages, Anne-Marie Javouhey fut élue et confirmée supérieure générale. Afin de s'aider d'un secours particulier et d'une vigueur céleste pour accomplir régulièrement leurs devoirs et en recueillir des fruits plus abondants, ces jeunes professes, leur supérieure en tête, se consacrèrent avec une grande piété au Sacré-Cœur de Jésus, le 6 Juin de cette année.

« A Autun, dans un bâtiment concédé par le gouvernement, Anne-Marie s'adonna à l'éducation religieuse des enfants. Elle établit la Maison-Mère de la Congrégation et le noviciat près de la célèbre abbaye de Cluny, d'où vient le titre complet de Congrégation de Saint-Joseph de Cluny.

« Le nouvel Institut obtint les moyens de secourir les âmes et les corps, en fondant de florissants établissements à Paris d'abord, puis dans d'autres diocèses de France, dans les colonies, comme à l'île Bourbon, dans les villes de Saint-Denis, Saint-Paul et Saint-André, et aux Antilles, pour instruire les adultes et les enfants. Un accord fut conclu dans ce but avec le vénérable P. François Libermann, fondateur de la Société des missionnaires du Saint-Cœur de Marie, et restaurateur de la Congrégation du Saint-Esprit. La dure et laborieuse mission que lui avait confiée le gouvernement français, de christianiser et civiliser les mœurs des habitants en Guyane, surtout à Cayenne et à Mana ; les diverses autres fondations, y compris un asile pour recueillir et soigner les lépreux, mais principalement le rapport du gouvernement sur l'inspection de la colonie, faite en 1838, mirent en glorieuse lumière la charité et la patience de la servante de Dieu et de ses compagnes.

« Les tribulations et les angoisses ne manquèrent pas à Anne, et l'accablaient d'autant plus qu'elles provenaient de personnes éminentes en dignité et en autorité ; mais en tout elle se conduisit de façon à ne s'écarter jamais du devoir de charité et de l'obéissance due à l'autorité ; sa justice et sa sainteté brillèrent d'un vif éclat, ainsi qu'on peut le constater dans les documents sûrs insérés au procès ordinaire, particulièrement par la lettre que l'évêque d'Autun lui écrivit, le 17 janvier 1846. En même temps, des hommes fort remarquables, parmi lesquels le Vénérable P. Libermann et le P. Levavasseur, affirmèrent publiquement de vive-voix et par écrit la vertu et la sainteté de la servante de Dieu, les fruits abondants des bonnes œuvres qu'elle accomplit par elle-même et par sa Congrégation, non sans un spécial secours d'en haut. Enfin, atteinte à Paris, au mois de mai 1851, d'une maladie qui peu à peu s'aggrava, réconfortée à plusieurs reprises par les sacrements de l'Eglise, après avoir récité plusieurs fois le rosaire de la Vierge Marie, reconnaissante à Dieu de tant de bienfaits et à ses compagnes qui héritaient de ses exemples et de ses salutaires conseils, elle quitta la terre en baisant le crucifix et en prononçant avec les assistants les saints noms de Jésus et de Marie, le 15 juillet. Elle était dans la soixante et onzième année de son âge et la quarante-troisième de son supériorat. Le corps de la servante de Dieu resta exposé dans la chapelle du Noviciat, où il fut visité par un grand nombre d'habitants. On célébra, le 22 du même mois, un service funèbre. Le lendemain 23, ses restes transportés à l'église paroissiale de Senlis, où après un second service funèbre, ils furent ensuite honorablement ensevelis. Son cœur, retiré et déposé dans un petit monument de marbre dans la crypte de la Maison-Mère de sa famille religieuse, est conservé comme un symbole et un gage de l'amour perpétuel d'une telle mère pour sa Congrégation et toutes ses compagnes.

« La renommée de sainteté de la servante de Dieu prit plus d'évidence dans sa vie et après sa mort, et grandit si bien qu'on engagea à ce sujet un procès ordinaire informatif à la curie diocésaine de Paris, avec un rogatorial dans l'archidiocèse de Port-au-Prince.

« Les procès-verbaux ont été soumis à la Sacrée Congrégation des rites ; la révision des écrits de la servante de Dieu ayant été faite, la dispense obtenue du délai de dix ans et de l'intervention et vœu des consulteurs et comme rien n'empêchait de procéder plus avant, sur les instances du R. P. Paul Roserot, de la Congrégation du Saint-Esprit, postulateur de cette cause ; en considération des lettres postulatoires de quelques Eminentissimes cardinaux de la S. E. R., de plusieurs évêques, d'un grand nombre de Chapitres d'églises cathédrales, de Supérieurs généraux d'Ordres et de Congrégations religieuses, d'autres personnes éminentes en dignité ecclésiastique ou civile, de nobles dames, des Moniales et des Sœurs, en particulier celles de la Société de Saint-Joseph de Cluny, l'Eminentissime et Révérendissime cardinal Dominique Ferrata, Ponent ou rapporteur de la Cause, dans la réunion de la Sacrée Congrégation des rites tenue au Vatican, le jour soussigné, a poprosé à la discussion le doute suivant : « *S'il fautsigner la commission d'introduction de la cause, dans le cas et pour l'effet dont s'agit ?* »

Les Eminentissimes et Révérendissimes Pères, préposés à la conservation des Rites sacrés, sur le rapport du même Eminentissime cardinal Ponent, ouï aussi de vive voix et par écrit le R. P. Alexandre Verde, Promoteur de la sainte Foi, tout soigneusement examiné, furent d'avis de répondre : « *Affirmativement*, ou bien *la commission doit être signée, s'il plaît à sa Sainteté* », le 11 février 1908.

« Rapport fait ensuite de ces choses à Notre Saint-Père le Pape Pie X par le soussigné Cardinal, Préfet de la Sacrée Congrégation des Rites, Sa Sainteté, ratifiant le Rescrit de ladite Congrégation, daigna signer de sa main la commission d'introduction de la Cause de la vénérable servante de Dieu, Anne-Marie Javouhey, fondatrice des Sœurs de Saint-Joseph de Cluny, le 13 desdits mois et an.

SERAPHINO CARDINAL CRETONI,
préfet de la S. C. R.

DIOMÈDE PANICI,
archevêque de Laodicée, secrétaire de la S. C. R. L ✠ S

REGISTRE

des actes de catholicité de la paroisse de Seurre.

BAPTÊME D'ANNE JAVOUHEY

Anne Javouhey, fille légitime de Baltazar Javouhey, laboureur à Jallanges-de-Seurre, et de Claudine Parisot, est née le dix Novembre, mil-sept-cent-soixante-dix-neuf, a été baptisée le lendemain, a eu pour parrain Pierre Petit, laboureur au dit lieu et pour marraine Anne Parisot, sa tante, qui se sont soussignés avec moi.

Pierre Petit, Anne Parisot. Pageault, curé.

LETTRE DE Mgr D'HÉRICOURT

à la R. M. Javouhey, supérieure générale.

Autun, le 17 janvier 1845.

Ma Révérende Mère,

Je suis profondément touché des sentiments que vous m'exprimez et des dispositions dans lesquelles vous avez signé la déclaration que vous avez bien voulu m'envoyer.

En réunissant nos efforts dans un esprit de mutuelle confiance, nous donnerons, je l'espère, à votre œuvre tous les développements désirables. C'est là le plus sincère de mes vœux.

La Providence, en plaçant le chef-lieu de votre Congrégation dans une ville qui rappelle à l'Église des souvenirs bien chers, a voulu, ce me semble, les étendre et les propager, et pour prouver encore une fois la vérité de cette parole de nos saints Livres, que la charité doit survivre à la science...

C'est de tout mon cœur que je vous bénis, ma Révérende Mère, et toute la Congrégation. Je serai bien heureux de pouvoir en toute occasion lui donner des preuves de mon cordial et entier dévouement.

† BÉNIGNE,
évêque d'Autun.

NOTES BIOGRAPHIQUES (1)

Née le 10 Novembre 1779, la V. Anne-Marie Javouhey est morte, le 15 Juillet 1851, au matin. Ses restes mortels reposent dans la chapelle des Sœurs de Saint-Joseph de Cluny, à Senlis ; mais son cœur fut gardé à la Maison-Mère de Paris. Il a été déposé, après la construction de la grande chapelle, rue Méchain, dans un petit monument de marbre blanc que l'on remarque au fond de la chapelle funéraire de la crypte. C'est aussi dans cette chapelle qu'ont été inhumés les corps des RR. MM. Rosalie et Marie-Joseph, sœurs de la Vénérable Mère Fondatrice (2).

§ I. — *R. M. Marie-Thérèse.*

Elle était la sœur puinée de la V. M. Javouhey. Elle vint au monde, le 7 novembre 1785, et mourut à Cluny, le 25 octobre 1840. Ses restes ont longtemps reposé au cimetière de Cluny, vers le milieu du mur méridional ;

(1) Tandis que les quatre sœurs Javouhey fondaient la Congrégation de Saint-Joseph de Cluny, les Sœurs de la Providence à Bordeaux étaient établies également par les quatre filles d'un simple artisan, les demoiselles Grenier. La fondation de Cluny est de 1812, celle de Bordeaux de 1813.

(2) Outre leurs quatre filles dont il a été question dans notre récit, M. et Mme Javouhey eurent deux fils, Étienne (1716-1806) et Pierre (1781-1835) et d'autres enfants qui moururent jeunes.

Rappelons les dates de naissance des RR. MM. Fondatrices — *Anne*, l'aînée est de 1779 — *Pierrette* (R. M. Marie-Thérèse), de 1785 — *Marie* (R. M. Marie-Joseph), de 1787 et *Claudine* (R. M. Rosalie) de 1790. La R. M. Clotilde (1796-1849) était leur nièce, étant la fille aînée d'Etienne Javouhey.

ils ont été exhumés, le 12 septembre 1893, pour être déposés à la chapelle, dite des marronniers, à l'extrémité du jardin. Cette tombe est journellement visitée par les pieuses filles de la V. Mère qui habitent l'ancien couvent, encore appelé des Récollets.

Nous savons en quelle estime la V. Mère Fondatrice tenait la R. M. Marie-Thérèse; elle ne la nommait jamais que sa *sainte* sœur.

Huitième enfant de la famille, Pierrette Javouhey était née à Jallanges, comme son aînée; elle demanda de très bonne heure à la suivre dans ses essais de vie religieuse. Aussi ne la quitta-t-elle presque pas jusqu'à la fondation de l'Institut. Au jour de sa profession, elle reçut les noms aimés de la sainte Vierge et de l'illustre Réformatrice du Carmel. Elle a été par ses grandes vertus l'une des plus chères et des plus vénérées Mères de la Congrégation de Saint-Joseph de Cluny. Nous l'avons vue diriger successivement les maisons de Chalon, de Cluny et de la Guadeloupe.

Déjà à Chamblanc, elle aidait sa sœur aînée à faire la classe aux petites filles du pays; elle savait fort bien disposer la grange d'Etienne Javouhey, leur frère, pour avoir plus d'espace et faisait des sièges avec de la paille.

Pierrette reprit sa place auprès de Nannette quand celle-ci revint à Chamblanc, en 1804. Elle la suivit à Chalon en 1805 et en 1807. Au Chapitre, qui se tint après la cérémonie du 14 mai, elle fut nommée prieure, cellerière ou économe de la Communauté.

C'est elle qui, à Chalon, soutint par son courage les débuts d'une fondation aux prises avec la plus extrême pauvreté. Plus le nombre des élèves augmentait plus la disette était grande.

Après la suppression de la maison de Chalon, en 1818, la R. M. Marie-Thérèse fut presque constamment à la tête de la Communauté de Cluny, à titre de Supérieure principale.

Dès 1821, tandis que la V. M. Fondatrice était au Sénégal, elle la remplaça à Cluny, de concert avec les Mères Marie-Joseph et Clotilde Javouhey, sa sœur et sa nièce.

A la fin de 1826, sur un désir de la Chère Mère, elle partit sans hésitation, malgré sa mauvaise santé, pour faire la visite de la Guyane. Le 27 février suivant elle se rendit à la Martinique, où elle fut accueillie avec un bonheur inexprimable et consolida toutes les fondations établies dans l'île.

La Guadeloupe se ressentait encore du désastre de de 1825, lorque la Mère Marie-Thérèse en fit la visite en 1829. C'est elle qui ratifia l'acquisition d'une belle propriété, nommée le Petit-Versailles à cause de sa situation, que la communauté de Basse-Terre avait faite précédemment ; c'est elle enfin qui établit les Sœurs de Saint-Joseph à la Trinidad (1).

La R. M. Marie-Thérèse ne put revenir à Cluny que vers le milieu de 1839 ; elle y reprit ses fonctions de Supérieure, à la grande satisfaction des maîtresses et des élèves tant du pensionnat que du noviciat. Son séjour aux Antilles avait fort ébranlé sa santé ; le climat de la France produisit d'abord un salutaire effet sur son état général, mais la maladie de foie dont elle souffrait, la contraignit de faire une saison à Vichy.

En rentrant à Cluny, elle faillit trouver la mort à Charolles dans un accident de voiture ; elle avait reçu un tel choc que tout son corps en fut comme brisé.

(1) Ce nom fut donné à la Reine des Petites-Antilles par Christophe Colomb qui l'a découverte en 1498. A la vue des trois sommets égaux de montagnes qui s'avancent jusqu' au golfe aujourd'hui *Port-d'Espagne* où il débarqua, le grand et saint navigateur s'écria, plein de reconnaissance : *Santa Trinidad*.

A leur arrivée à la Trinidad, les Sœurs de Saint-Joseph de Cluny reçurent une bienveillante hospitalité dans la famille Léotaud d'origine française.

Le 8 septembre, on lui administra les derniers sacrements. Elle vécut encore jusqu'au 25 octobre pour ajouter, dit la M. Rosalie accourue à son chevet, un nouveau titre, *celui de martyre*, à tant d'autres qui lui avaient valu l'affectueuse vénération de tous. Quelques instants après avoir béni et encouragé plusieurs jeunes sœurs en partance pour Bourbon et Pondichéry, elle rendit l'âme en baisant le crucifix qu'elle avait apporté des Indes et qui était le don précieux du pieux Mgr Bonnand, vicaire apostolique de Pondichéry.

§ *II. La R. M. Marie-Joseph.*

La R. M. Marie-Joseph naquit à Chamblanc, le 31 juillet 1787; elle y fut baptisée et reçut le beau nom de *Marie* qu'elle demanda à garder à sa profession religieuse, en l'associant à celui de saint Joseph.

Dès sa plus tendre enfance, elle s'était fait remarquer par une humble docilité et par une grande dévotion à la sainte Vierge. Elle a été la première de la famille qui seconda la V. Mère Fondatrice dans ses œuvres de zèle et de charité. On la vit près d'elle, en 1802, à Seurre, puis à Jallanges.

Quand l'Institut de Saint-Joseph de Cluny eut été canoniquement érigé, elle s'estima heureuse de pouvoir continuer, sous l'habit religieux, ses soins aux enfants de la campagne les plus pauvres et les plus délaissés. Elle occupa successivement les postes de Villageau, entre Chalon et Verdun et de Foncine-le-Haut, en Franche-Comté, qui remontaient aux premières années de la Congrégation et où son souvenir s'est longtemps conservé.

Appelée ensuite dans la région de Paris, la R. M. Marie-Joseph fut nommée, en 1819, supérieure de l'Hôpital de Beauvais et y resta jusqu'en 1827. Elle fit régner dans cette Communauté la régularité et l'esprit d'ordre qui la caractérisaient. Nulle maison n'était mieux tenue ; cependant l'Administration chercha noise aux Sœurs de Saint-Joseph de Cluny, qui finalement furent obligées de se retirer.

C'est à la R. M. Marie-Joseph que fut confié le gouvernement général de la Congrégation, lorsque, en 1828, la V. Fondatrice partit pour la Guyane. Le premier mouvement de son humilité fut un cri d'effroi ; puis elle se mit à l'œuvre avec la même fidélité, le même zèle qu'elle apportait dans la poursuite de ses propres intérêts spirituels. La maison de Bailleul, sa résidence ordinaire, offrait le spectacle d'une communauté fervente où le Divin Maître était servi avec amour et générosité.

En 1833, la V. Mère Fondatrice déchargea la M. Marie-Joseph du fardeau qu'elle trouvait trop lourd pour ses épaules. Mais l'obéissance lui fit un devoir de le reprendre deux ans après et de le porter jusqu'en 1843. C'était le temps des grandes épreuves qui fondirent sur la V. Mère et ses filles. L'humble et fervente religieuse ne trouvait de consolation, au sein des plus amères angoisses, qu'aux pieds de Jésus-Hostie. Quand cet appui lui fut enlevé, par la fermeture de la chapelle de la rue de Valois, on la vit redoubler ses prières et ses mortifications, afin d'obtenir de la bonté de Dieu, un terme à une situation aussi pénible.

Durant ce temps, elle fonda le pensionnat d'Alençon, dont elle fut supérieure pendant cinq ans. En octobre 1850, elle fut placée à la tête de la maison de Compiègne d'où elle accourut, au mois de juillet 1851, pour assister au bienheureux trépas de la V. Mère Fondatrice. Elle vint ensuite à Cluny comme Supérieure principale.

La R. M. Rosalie, sa sœur puinée, ayant été élue Supérieure générale, la Mère Marie-Joseph reporta sur elle les sentiments de respect et de soumission profonde, dont elle avait été animée à l'égard de la V. Fondatrice ; elle fut son bras droit et la seconda avec un dévouement, admirable jusqu'à sa mort qui arriva le 20 juillet 1863. Elle était âgée de 76 ans, presque jour pour jour.

§ *III. La T. R. M. Rosalie.*

La T. R. Mère Rosalie, deuxième supérieure générale de la Congrégation de St-Joseph de Cluny, naquit à Chamblanc, le 27 septembre 1793. Elle fut la dernière des dix enfants de M. et de Mme Javouhey et reçut à son baptême le nom de Claudine qu'elle porta jusqu'à sa profession religieuse. D'une humeur très douce, elle manifesta de bonne heure de fortes inclinations à la piété. Elle s'attacha aussitôt à sa sœur aînée Annette et obtint d'elle la faveur de l'accompagner partout et de prendre part à ses prières. De son côté, la future fondatrice de l'Institut de St-Joseph s'appliqua à cultiver avec soin les heureuses dispositions de la petite Claudine. Dès qu'elle sut lire (1), elle lui apprit le catéchisme et la prépara elle-même à sa première communion, qui eut lieu à Seurre, en 1800. On a vu plus haut (p. 6) quel zèle Nannette avait apporté pour que les deux cérémonies analogues de 1798 et de 1799 qui eurent lieu dans les granges de son oncle fussent, à défaut de la solennité extérieure, embellies par une grande ferveur.

Claudine suivit peu après son aînée à Choisey ; elle était encore à ses côtés, en avril 1805, quand les quatre sœurs reçurent, à Chalon, la bénédiction de Pie VII. Elle fit sa profession religieuse, le 12 mai 1807, dans l'église de Saint-Pierre qu'elle ne cessa pour cette raison d'affectionner particulièrement.

Sa jeunesse, sa modestie, son caractère aimable, son

(1) Claudine et Marie avaient été mises en pension à Seurre, chez une ancienne Ursuline, la bonne demoiselle Manon. *Vide infra la notice historique sur Seurre.*

La T. R. M. Rosalie
(1773-1863)

esprit alerte, lui donnèrent une place à part parmi les premières religieuses de la Congrégation, à Chalon surtout. M. de Burgat, curé de St-Vincent, sur la paroisse duquel se trouvait située l'école de la place de Beaune, portait à Sœur Rosalie un intérêt qui ne se démentit jamais. En 1812, elle fut placée à la tête de la maison. «Elle est si jeune et si douce, disait le digne pasteur aux Sœurs de la Communauté, que vous devez avoir à cœur de ne lui donner aucun sujet d'affliction. »

La R. M. Rosalie aimait beaucoup la ville de Chalon (1). En 1818, quand il fut question de supprimer le dernier établissement que les Sœurs de St-Joseph y dirigeaient encore, la jeune supérieure insista pour que l'on conservât cette maison, quelque pauvre et incommode qu'elle fût. Les classes, en effet, avaient été aménagées dans les bâtiments d'une ancienne maison de détention, contigüe à la porte de Beaune. Mais le bien s'y faisait et « Chalon n'était-il pas, disait la R. M. Rosalie, la ville où avait été posée la première pierre de notre Institut et où l'on avait reçu tant de grâces ? » La fondation un instant suspendue, fut ensuite rétablie à St-Marcel-les-Chalon (1817).

C'est à cette date, on le sait, que s'ouvrit pour les filles de la V. M. Javouhey la carrière de l'apostolat dans les pays d'Outre-Mer. Après l'île Bourbon, ce fut le Sénégal (2) qui s'offrit à leur dévouement ; le redoutable honneur de conduire sur la plage inhospitalière de Saint-Louis le premier groupe des Sœurs missionnaires fut dévolu à la R. M. Rosalie. Le départ eut lieu le 2 février 1819 et l'arrivée, le 19 mars suivant, en la fête de saint Joseph. Combien fut laborieux ce pre-

(1) C'est vers ce temps qu'elle fut présentée au Comte d'Artois (Charles X) qui avait fait son entrée à Chalon.

(2) Une violente bourrasque jeta sur la côte brésilienne l'embarcation où se trouvaient les Sœurs, ce qui leur permit de visiter Rio-de-Janeiro. (*Vide supra* p. 29, note.)

mier établissement sur la terre d'Afrique, il est impossible de le dire. Ce qui ajouta aux souffrances morales de la jeune directrice et de ses Sœurs, fut la privation durant plus d'une année de tout secours religieux. Ses lettres font une peinture navrante de cette situation qui aurait découragé une âme moins bien trempée. Aussi la V. M. Fondatrice, restée à Bailleul, était-elle dans le plus vif désir de voler au secours de ses chères enfants du Sénégal. Son arrivée à Saint-Louis, en 1822, eut pour conséquence le retour en France de la R. M. Rosalie, qui aussitôt fut appelée à prendre une large par au gouvernement de la Congrégation. Les trois années qu'elle avait passées au Sénégal lui avaient donné, pour les fondations d'Outre-Mer, une expérience précieuse qui lui fut d'un grand secours dans son office d'Assistante générale.

En 1824, elle s'embarqua de nouveau et se rendit à Bourbon où les œuvres fondées, en 1817, avec tant de succès, par les sœurs de Saint-Joseph de Cluny, étaient menacées d'une ruine totale. Ce qu'il fallut de tact, de prudence, de courage et d'esprit surnaturel à la chère Visiteuse, il n'est pas facile de le deviner. Mais sa mission, malgré les difficultés innombrables dont elle fut hérissée, eut un plein succès.

Nommée Supérieure des établissements situés à l'est du Cap-de-Bonne-Espérance, elle dut se rendre, en 1829, aux Indes françaises, afin d'assurer la fondation de Pondichéry. Elle y retourna une seconde fois en 1833, mais elle n'y séjourna que six mois. Les mêmes épreuves qu'elle avait déjà essuyées à Bourbon se présentèrent en Asie. « Mais, dit-elle plus tard, je n'ai trouvé nulle part autant de courage à la vue des croix et des tribulations... Je vivrais bien des années que je me soutiendrais au Calvaire par le souvenir du Thabor de Pondichéry .»

La R. M. Rosalie revint alors à Bourbon, son séjour habituel, et continua à y jouir de la vénération de tous, « non seulement pour les qualités de son esprit et de son cœur, mais surtout à cause de cette beauté d'âme qui en elle rayonnait facilement au dehors. » Elle rentra en France en 1839, ne fit qu'une courte apparition à Paris et se rendit en toute hâte à Cluny, où l'état de santé de la M. Marie-Thérèse réclamait sa présence. Après lui avoir fermé les yeux, elle reçut son obédience de Supérieure de la maison. Elle remplit cette lourde charge du 26 octobre 1839 au 6 septembre 1851, c'est-à-dire durant la période la plus critique de l'Institut. « C'est quelque chose de vraiment remarquable qu'une âme si douce et si paisible, si peu faite pour le bruit et l'agitation, se soit trouvée, pendant presque toute sa vie, engagée dans les positions les plus graves, chargée de ménager les intérêts les plus sérieux de l'Institut, obligée de sacrifier sans cesse sa tranquillité et son repos, aux soucis des affaires les plus épineuses et les plus importantes (1). »

Nous ne dirons rien de ses propres afflictions, mais on ne peut taire la stupeur dont fut saisie l'humble et dévouée fille de St-Joseph, lorsqu'au fort du conflit avec Mgr d'Héricourt, ce prélat lui proposa de la faire élira Supérieure générale à la place de la V. M. Fondatrice, « qui de cette manière, disait-on, pourrait rester dans les colonies où elle paraissait se plaire et faire le bien. »

La tempête qui menaçait la maison de Cluny gronde longtemp avant d'éclater. Il y eut cependant quelques éclaircies de temps à autre qui ranimaient les espérances. Citons, parmi les grâces particulières dont la Communauté fut favorisée, l'établissement, au pensionnat de Cluny, en 1844, d'une Congrégation d'Enfants de Marie. M. Juillet, qui prêchait la retraite annuelle, eut

1) Biographie autographiée de la R. M. Rosalie.

la joie d'enrôler sous l'étendard de la Reine des Vierges « plus de quatre vingts jeunes filles ayant leur présidente, leurs zélatrices et leurs aspirantes, avec un petit règlement de modestie, de douceur et de piété. »

La R. Mère Rosalie put prendre en toute vérité, le titre de seconde Mère de la petite famille de Marie, car elle l'entourait de toute son affection.

C'est vers la même époque qu'elle fit construire près du mur oriental du jardin, à l'extrémité de la grande allée, la petite chapelle dédiée à la sainte Vierge sous le patronage de Saint-Joseph et de Saint François-Xavier, où toutes les élèves de Cluny sont venues méditer et prier.

Les travaux, les vertus de la R. M. Rosalie, son expérience déjà longue furent aux yeux des Conseillères chargées de nommer, après la mort de la V. Fondatrice, la Supérieure générale, autant de titres qui dirigèrent leurs votes. Elle fut élue à l'unanimité, le 6 septembre 1851. Mais cette partie de sa vie n'appartient pas à l'histoire de la V. M. Anne-Marie.

Bornons-nous donc à citer quelques dates. La R. M. Rosalie effectua, au printemps de 1852, le pèlerinage de Rome qui était en projet depuis longtemps et dont les conséquences furent si heureuses pour toute la Congrégation. L'approbation canonique de l'Institut de Saint-Joseph de Cluny est du 8 février 1854.

L'acte qui rendra toujours cher aux Sœurs de Saint-Joseph de Cluny le gouvernement de la T. R. Mère Rosalie, a été la consécration qu'elle fit au Cœur Immaculé de Marie, le 8 décembre 1854, de l'Institut tout entier : religieuses, novices, élèves, malades, pauvres, en France et dans les pays étrangers.

Le 6 avril suivant vit s'ouvrir à Rome, près de Sainte-Marie-Majeure, une maison d'éducation qui fut confiée aux Sœurs de St-Joseph de Cluny (1).

(1) Les autres fondations qui vinrent s'ajouter aux précédentes durant

La R. M. Rosalie eut une mort aussi douce et paisible que sa vie avait été agitée. Elle s'endormit pieusement à Paris, le 11 mai 1863, à l'âge de 73 ans.

§. *IV. T. R M. Marie de Jésus.*

Cette digne fille de la V. M. Anne-Marie, qui devait, après la mort de la R. M. Rosalie, recueillir son lourd et honorable fardeau, naquit à Cluny, sur la paroisse de St-Marcel, le 10 août 1817. Elle fut baptisée le lendemain et reçut le nom de Reine.

Dès sa tendre enfance Reine Bajard se fit remarquer par sa vive intelligence et sa bonne humeur. Elle fréquenta très jeune l'externat St-Joseph qui fut, durant de longues années, l'école communale des filles à Cluny. C'est alors qu'elle entendit l'appel du divin Epoux. Admise au noviciat, elle fit pressentir par son amour de l'obéissance qu'elle serait un jour une maîtresse consommée. Les souvenirs qu'elle a laissés à la Martinique (v. plus haut p. 148) y sont encore vivants. Rappelée à Paris, elle devint le bras droit de la T. R. M. Rosalie et remplit successivement avec un tact parfait les charges de maîtresse des novices et de première Assistante.

Elle fut élue Supérieure générale, le 19 mai 1869. On lui doit les noviciats de Limoux, de St-Affrique et de Gourin. C'est dans cette maison qu'elle dut passer les années terribles de 1870-1871, afin de rester en communications constantes avec tous les districts. Après la guerre elle eut la consolation de voir chacunes des œu-

le généralat de la M. Rosalie furent : Marseille ; Gourin et Châteaubourg en Bretagne ; aux Antilles, Haïti, St-Thomas et Ste-Lucie ; à la Guyane, Saint-Laurent du Maroni ; à Madagascar, Tananarive et Tamatave ; aux Indes, Chandernagor ; en Chine, Canton ; en Océanie, la Nouvelle Calédonie, les Iles Marquises.

A la mort de la Chère Mère, le noviciat de Paris comptait cent-ving novices et quarante postulantes.

vrés confiées aux Sœurs de St-Joseph prendre de merveilleux développements. Sa mort, arrivée le 21 juin 1884, a marqué l'apogée de la Congrégation.

§. *V. La T. R. M. Marie-Basile.*

La difficile mission de tenir tête à l'orage qui allait se déchaîner contre les Congrégations religieuses et les écoles chrétiennes, échut, le 8 décembre 1884 à la R. M. Marie-Basile. Née à Mars (Loire), Thérèse Chevreton était apparentée aux RR. MM. Fondatrices et fut élevée au pensionnat de St-Joseph, à Limoux. Elle émit ses vœux perpétuels à Rouen, le 31 mai 1847, et devint ensuite maîtresse des novices, à Cluny. Après son sexénat, elle fut réélue Supérieure générale, le 2 juillet 1891 et de nouveau le 2 juillet 1907. Elle sut conserver pendant les 23 années de son généralat à la Congrégation de Saint-Joseph son esprit premier, l'esprit de la la V. Mère Fondatrice. « Elle a gouverné avec sagesse, avec fermeté, avec bonté, surtout avec des vues surnaturelles ».

« Que de fois, a écrit Mgr Le Roy (1), j'ai pu apprécier son admirable dévouement, qui malgré l'âge, la fatigue ou la maladie lui faisait consacrer tout son temps à sa chère famille religieuse, le soin éclairé avec lequel elle suivait tout son personnel, toutes ses œuvres, sa fermeté d'âme en ces temps surtout si inquiétants, si déconcertants, si désastreux... » Sa mort, arrivée le 3 mars 1907, a été celle d'une prédestinée et sa mémoire restera toujours en bénédiction, au sein de la grande famille de St-Joseph.

---

(1) S. G. Mgr Le Roy évêque d'Alinda, supérieur général de la Congation du Saint-Esprit.

NOTICE HISTORIQUE SUR SEURRE

Seurre (1) est par son passé l'une des plus intéressantes villes de la Bourgogne. Elle appartenait, comme Chalon et Verdun, à la Confédération éduenne ; César y aurait campé. C'était alors tout au moins une *castramétation*, « dont on voit la place couverte de bois et les faibles vestiges des fossés (2). »

La situation actuelle de la ville est relativement moderne. La tradition place sa première enceinte à une lieue plus à l'est, entre le Doubs et la Saône, dans un endroit appelé encore le *Vieux-Seurre*. Les invasions barbares du Ve siècle et surtout celles du IXe l'auraient complètement détruite. Des pêcheurs s'approchèrent de la Saône et trouvèrent aide et protection près du château construit au Xe siècle, à Saint-Georges.

L'illustre Maison de Vienne posséda Seurre en francaleu, dès le XIe siècle. Hugues de Vienne, sire de Pagny, reçoit en 1266 de Hugues IV, duc de Bourgogne, la ville et ses dépendances à foi et hommage pour lui et ses hoirs. Son fils aîné, Philippe accorde, en 1278, aux habitants des franchises et le droit de commune. Marguerite de Vienne porta ensuite cette terre par son mariage à Rodolphe, marquis d'Hochberg, d'où elle passa aux Rothelin d'Orléans et enfin aux princes de Condé, leurs héritiers.

La devise de la nouvelle ville fut : *Loyale et Seurre*, à laquelle elle resta toujours fidèle. Fortifiée en 1450 par Charles le Hardi (*alias* le Téméraire) et entourée de murs très larges en briques cuites elle soutiendra plusieurs sièges mémorables. Pour être restée fidèle à Marie

(1) *Sahure*, puis *Seheure* est la vieille orthographe de Seurre et viendrait du celtique *Sarrugium*, *Surrugium* comme Chalon vient de *Cabillonum* (Caballo, cheval) et Verdun de *Verdunum* (Ver, gué).
(2) C. Courtépée 2e édit. III vol. p. 270.

de Bourgogne, Louis XI l'attaqua et la dévasta en 1479 ; mais le maréchal d'Hochberg répara les brèches et donna à Seurre huit faulcons (canons) en fonte.

François Ier regardait cette petite ville comme une clé du royaume ; il compléta ses remparts par une grande terrasse et deux plates formes et y plaça une garnison avec de nombreuses arquebuses à croc. Aussi lorsque Launoy, général de Charles-Quint, encore tout fier de sa victoire de Pavie en 1525, se présenta devant notre petite ville, il ne put ni s'en emparer, ni même l'intimider. Les religionnaires, Calvinistes et Luthériens, eurent beau faire appel à l'étranger, Seurre garda sa foi et son indépendance ; mais elle eut à endurer les déprédations de deux aventuriers, Laperle et Lafortune, qui, en 1595 et 1596, tinrent la campagne plus pour eux que pour la Ligue. Les Etats de Bourgogne pourvurent à la sécurité du pays (1), en faisant construire un fort avancé à Pouilly, un autre à Chamblanc et un troisième à Saint-Georges (1598).

Durant la Fronde, Louis XIV vint en personne, le 16 mars 1650, sommer les partisans de Condé réfugiés à Seurre de se rendre à discrétion. Royer de Saint-Micaud, commandant de la ville, ne craignit pas de faire fermer les portes et tirer quelques volées de canon. De son côté, le comte de Tavannes avait arboré sur le rempart un drapeau semé de têtes de mort avec ces mots : *Vincere aut mori*. La place tint bon et le duc d'Epernon dut revenir, le 5 mai 1653, avec 4.500 hommes pour réduire les mutins à la raison ; mais Bouteville put se retirer avec sa troupe à Stenay. Louis XIV devait faire ses premières armes devant cette place. Ce prince ne tint pas rigueur aux Seurrois. Il parut avec sa cour,

(1) Le port de Seurre sur la Saône acquit alors une grande importance. Les foires étaient fréquentées surtout par les Comtois et les Champenois.

dans tout l'éclat de la gloire, aux camps qu'il établit, près de la Saône, en 1683 et 1688. Dès 1650, il avait confirmé aux échevins le droit de haute, moyenne et basse justice, qu'ils possédaient de toute ancienneté. Philippe-le-Bon, duc de Bourgogne, l'avait déjà reconnu par ses lettres patentes de 1449, qui donnaient en outre aux habitants le privilège d'élire 12 prud'hommes, 7 échevins et leur maire. La ville de Seurre, érigée en marquisat en 1611, le fut en duché en 1619 et reçut le nom de Bellegarde. Elle le méritait puisqu'elle avait arrêté toutes les bandes ennemies qui avaient fait irruption en Bourgogne. « Cette bonne et heureuse Bellegarde, dit le titre d'érection, avait éloigné de nos têtes cette grêle presque universelle. »

Le marquisat comprenait, outre Seurre, Chamblanc et Jallanges, ses annexes, les paroisses d'Auvillars, de Glanon, de Pouilly et en partie celle de Chivres. Mais le temps des libertés communales et provinciales était passé. Sur la plainte des villes voisines de Bourgogne, Seurre perdit ses fortifications et peu à peu tous ses privilèges de place frontière.

La paroisse relevait du diocèse de Besançon et ressortissait à l'officialité d'Auxonne. L'église, construite dans le style bisontin, fut réparée en 1766. Selon l'usage presque général du diocèse, la desserte de la paroisse était confiée à une Familiarité ou Mépart, société de prêtres, nés et baptisés à Seurre, se recrutant eux-mêmes. Leur nombre fut fixé à onze, en 1670.

D'autres communautés existaient dans la petite ville. Les Clarisses, religieuses cloîtrées, dataient de 1421· les Ursulines, à la fois hospitalières et institutrices, de 1631. Le collège des jeunes gens était dirigé par les Augustins, dont la fondation remontait à 1658.

Chamblanc avait une chapelle dite de la Belle-Croix, qui fut détruite pendant les guerres du XVIe siècle. Celle de Saint-Denis a été vendue comme bien national en 1793. Mais le village, depuis peu érigé en paroisse, avait déjà son curé avant la Révolution. Le château, aujourd'hui démoli, a appartenu aux Sayve et aux Jehannin, à titre d'engagistes.

Le dernier seigneur qui vit sa demeure pillée par les Jacobins en 1792, était M. Jannon, président au Parlement de Bourgogne. Ce personnage paraît avoir joué un certain rôle dans les événements qui précédèrent et suivirent la Révolution. Il a laissé des lettres qui vont de 1787 à 1802 et « des renseignements généalogiques sur Buonaparte. » On a aussi de lui des poésies qui ne respirent pas un grand enthousiasme pour le « Conquérant ». Outre le château de Chamblanc, dont il ne reste que des ruines, M. Jannon possédait celui de Benœuvre et un hôtel à Dijon (1).

Citons pour finir, ce trait qui appartient à l'histoire contemporaine de nos cantons. Napoléon Bonaparte fut envoyé, en 1787, à titre de lieutenant d'artillerie au régiment de la Fère à Auxonne, où il resta jusqu'en 1792. De là, il se rendait souvent à Cîteaux s'entretenir avec l'abbé Trouvé (2). Un détachement de son régiment fut, en 1790, placé en observation à la célèbre abbaye. C'était un nouveau motif pour le jeune officier de faire le trajet d'Auxonne à Cîteaux ; mais un autre détachement ayant été cantonné à Seurre(3), Bonaparte en eut le commandement et prit logis chez une dame Prieur. Il ne l'oublia pas, quand il fut devenu l'arbitre de l'Europe et le maître de la France.

(1) *Cf. Archives* de Saône-et-Loire. F. 236.

(2) Dom Trouvé était abbé de l'ordre de Cîteaux, quand la Révolution éclata. Il se retira à Vosne où il mourut en 1797.

(3) Tandis que le futur empereur était en garnison à Auxonne et à Seurre, il avait suivi avec intérêt les travaux du pont jeté sur le Doubs à Navilly. Ce village ayant été détruit par un incendie en 1805, Napoléon, qui traversait alors le département de Saône-et-Loire, fit remettre une forte somme aux habitants de *notre (sic)* Navilly, terme dont il se servit en envoyant son offrande.

TABLE DES MATIÈRES

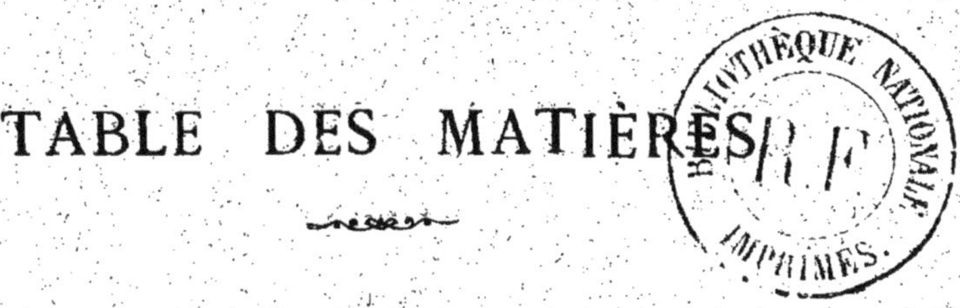

Lettres de Mgr Villard évêque d'Autun, Chalon et Mâcon et de Mgr Dadolle, évêque de Dijon. p. VII et VIII

Avant-propos. p. IX

CHAPITRE I. — **Naissance. — Education chrétienne** . . . . . p. 1
Le pays, 1. — La famille, 2. — Premières années d'Anne Javouhey, son caractère, 3. — Vie mondaine, 4. Retour à la piété, 5. — Conduite héroïque de Nannette pendant la Révolution, 6. — Son dévouement aux prêtres persécutés, 7.

CHAPITRE II. — **Premiers essais de vie religieuse.** . . . . p. 9
Anne-Marie aide son père dans l'administration de ses biens, 9. — Contentement de M. Javouhey qui fait de sa fille son bras droit, 10. — Nannette devient catéchiste, puis maîtresse de classe, 11. — Opposition de son père, 12. — Elle part au noviciat des Sœurs de la Charité de Besançon où sainte Thérèse lui promet sa protection, 12. — Dieu la met dans une autre voie, 12. — Ecole à Seurre, 13. — Son séjour à la Trappe, 13, puis à Souvans : confiance récompensée, 14. — Retour à Chamblanc, 15. — Faveurs surnaturelles, 16.

CHAPITRE III. — **Fondation de l'Institut** . . . . p. 17
Anne Javouhey et ses sœurs ont une entrevue avec Pie VII et reçoivent sa bénédiction, 18. — Installation à Chalon : écoles, orphelinat, petit pensionnat, 19. — Comment la chapelle est placée sous le vocable de saint Joseph et les maîtresses désignées sous ce nom, 21 — Les demoiselles Javouhey reçoivent l'habit religieux, 22. — Election de Sœur Anne-Marie comme supérieure générale, 23. — Consécration au Sacré-Cœur, 24.

CHAPITRE IV. — **Premiers établissements. — Cluny** . . . . . . p. 25
Voyage à Paris, 25. — Fondation à Autun, premier noviciat, 26. — Nouvelles fondations, 27. — Le couvent des Récollets à Cluny acheté par M. Javouhey, 28. — La V. Mère s'y installe avec ses filles, 30. — Classes gratuites, pensionnat, noviciat, 32. — La chapelle, 33.

CHAPITRE V. — **Les Sœurs de Saint-Joseph dans les colonies** . p. 35
Fondation à Paris, 35. — Pauvreté et épreuves des débuts, 36. — Les Sœurs de Saint-Joseph à Bourbon, 37, au Sénégal, 38. — Fondation à Sierra-Leone, à Sainte-Marie-de-Gambie, 40. — La V. Mère et la petite *Florence*, 41. — Sollicitudes de la V. Mère pour les Noirs, 42. — Retour en France, 43.

CHAPITRE VI. — **Suite des Fondations de France** . . . . . p. 45
Saint-Marcel-les-Chalon, 45. — Bailleul, et Beauvais, 45. — Nanteuil-le-Haudoin, Senlis, Crépy, 45. — Brie-Comte-Robert, Alençon, 46. — Breteuil, 47. — Caunes, La *chambre bleue*, 48. — Saint-Yon, Chalabre, 48. — Limoux, 49. — Fontainebleau, 50. — Bonté et charité de la V. Mère, 50. — Le Creusot, 50. — Autres fondations dans le diocèse d'Autun, 51. — Voyages et visites de la V. Mère, 52.

CHAPITRE VII. — **Nouvelles missions aux Colonies** . . . . p. 55
Mme la Dauphine et les Sœurs de Saint-Joseph de Cluny, 55. — Pénurie, 56. — Schisme à Bourbon, la R. M. Rosalie y est envoyée, 57. — La tempête s'apaise et de nouvelles maisons sont fondées dans l'île, 58. — Les écoles de la Guadeloupe, terrible cyclone, 58. — Mort de la Mère Supérieure, 59. — Etablissements à la Martinique, 60, à Saint-Pierre et Miquelon, à Pondichéry, 61. — La léproserie, 62.

CHAPITRE VIII. — **Organisation de l'Institut**. . . . . . . p. 63
Premiers règlements, 64. — Joie et bonheur des sœurs et des élèves, 65. — Règle de 1810, 66. — Le psautier de Marie, 67. — Autorisation officielle, 68. — Statuts et règle de 1827, 69. Conditions d'admission, 70. — Dernière édition de la règle, 71.

CHAPITRE IX. **Premier séjour de la V. Mère à la Guyane** . . p. 73
Motifs de son voyage, 74. — Les ouvriers d'Europe et leurs ateliers, 75. — Exploitation agricole, premières résistances, 76. — Projets de la V. Mère, 77. — Elle veut offrir un asile aux persécutés, 78. — La Trinidad, 79. — Retour en France, 79. — La V. Mère à Chamblanc, 80.

CHAPITRE X. — **Le conflit d'Autun** . . . . p. 81
Mgr d'Héricourt évêque d'Autun, 81. — Ses projets sur Cluny et le Chapitre de 1835, 82. — Lettres de la V. Mère à Mgr d'Héricourt, 83. — Elle ne peut se rendre à Rome, 84. — Le petit-office de la Sainte Vierge, 85. — Projets du gouvernement sur la Guyane, 85. — Rapports de M. de Lamartine et de l'amiral Duperré, 86. — La R. M. Marie-Thérèse supérieure à Cluny, 88.

CHAPITRE XI. — **Deuxième séjour à la Guyane**. . . . . p. 89
Préparatifs de départ, 89. — Mot de Louis-Philippe, 90. — Mutinerie, 91. — Nègres capturés à Mana, complot contre la V. Mère, 92. — Son influence sur les libérés, 92. — La *Reine Blanche*, 93. — Suite des fondations en France, en Océanie, 94. — Les *Peaux-rouges*, 95. — Les *Galibis*, 96. — Dévouement et souffrances des Sœurs de Saint-Joseph au milieu des infidèles, 97.

CHAPITRE XII. — **Epreuves de la V. Mère**. . . . . p. 99
La *Mère des Noirs*, 9. — Elle est privée des Sacrements, 101. — Sa résignation héroïque, 102. — La mort de sa sœur M. Marie-Thérèse la ramène en France, 102. — Ovations que lui font les Indiens, 102. — Elle est acclamée à Cluny, 103, à Paris, 104. — La chapelle de Cluny interdite, le noviciat dissout, 105. — Le maire de Cluny prend la défense des Sœurs, 106. — Grandeur d'âme de la V. M. Anne-Marie, 108. — Réouverture de la chapelle et du noviciat, 109.

CHAPITRE XIII. — **Après l'orage** . . . . p. 111
Fin du Conflit d'Autun, 111. — Bonheur de la V. Mère, nouvelles difficultés, 112. — Succès aux colonies, 114. — Grand nombre de vocations, 115. — Nouvelles fondations en France et à l'étranger, 116. — Le V. Père Libermann et le P. Levavasseur, 117.

CHAPITRE XIV. — **Vie intérieure de la V. Mère** . . . . . . p. 119
Son humilité et ses sentiments sur cette vertu, 120. — Son oraison continuelle, 121. — Son zèle pour le service divin, 122, pour l'observation de la règle, 124. — Ses instructions aux religieuses désignées pour les pays d'Outré-Mer, 125. — Ses voyages en France, 127. — Sa bonté, 128. — Son amour pour le saint Evangile, 129. — Sa ferveur, 130. — Ses pratiques, 131.

CHAPITRE XV. — **Le travail des dernières années** . . . . p. 133
Elle sent la mort approcher, 134. — Son zèle et son dévouemen, 135. — Les barricades de 1848, 135. — Les noirs de Mana veulent l'élire pour leur député, 136. — Ses lettres, 137. — Sa résignation, 138. — Le grand noviciat, 139. — Sa confiance en saint Joseph, 140, en la sainte Vierge, 141. — Une prophétie, 142.

CHAPITRE XVI. — **Bienheureuse mort** . . . . p. 143
Pie IX et la Congrégation de Saint-Joseph, 144. — Voyages à Cluny, 145, à Limoux, 146. — Epreuves et consolations, 147. — Dernière maladie et ses recommandations suprêmes, 148. — Sa mort inopinée, 150. — Etat de l'Institut, 151. — Funérailles, 152. — Statistique présente, 153.

EPILOGUE. — **Progrès constant de l'Institut**. . . . . p. 154
Courage et dévouement des Sœurs de Saint-Joseph de Cluny, 156 — Mort héroïque de plusieurs d'entre elles, 157. — Souvenir du centenaire de la Congrégation, 159.

APPENDICE. — *Décret. cause de Paris*. . . . . p. 163
Pièces justificatives . . . . p. 170
Notes biographiques § I R. M. Marie-Thérèse . . . . . . p. 172
§ II. La R. M. Marie-Joseph. . . . . p. 174
§ III. La T. R. M. Rosalie . . . . p. 176
§ IV. La T. R. M. Marie de Jésus . . . . p. 181
§ V. La T. R. M. Marie-Basile. . . . . p. 182
Notice historique sur Senvre. . . . . p. 183

IMP. DE L'UNION TYPOGRAPHIQUE — DOMOIS-DIJON

BIBLIOGRAPHIE

ABBÉ BARBIER, aumonier de la Maison-Mère à Paris. *Notice historique* (publiée peu après la mort de la fondatrice des sœurs de Saint-Joseph de Cluny).

LOUIS VEUILLOT. — *Univers* et *Loisirs poétiques.*

ANNALES HISTORIQUES DE LA CONGRÉGATION DE SAINT-JOSEPH DE CLUNY, par une religieuse de la congrégation. — Solesmes 1890, gd-in 8°, 796 p.

R. P. DELAPLACE. *La R. M. Javouhey, Histoire de sa vie, des œuvres et missions de la Congrégation.* — Paris. — Lecoffre et Librairie Saint-Paul 1886, 2 forts vol. in-8°

LÉON AUBINEAU. *La R. M. Javouhey*, Paris, Palmé 1887, in-12, 141 p.

R. P. DOM BABIN, bénédictin de la congrégation de France. *La Révérende Mère Javouhey* (1779-1851). Ligugé (Vienne) 1896, in-8° 149 p. (Extrait de la collection, *Illustrations et célébrités au* XIX° *siècle*, 2me série, Paris, Bloud et Barral.)

LA R. M. ANNE-MARIE-JAVOUHEY, article du *Messager du Cœur de Jésus.* Toulouse, in-12 mis en brochure.

LA R. M. ANNE-MARIE-JAVOUHEY, le grand *colonisateur français* du XIX° siècle. Collection *Les Contemporains*, Paris. N° 187. — 1896.

VIE DE LA R. M. ANNE-MARIE-JAVOUHEY, brochure illustrée de 36 p. in-18. Paris, Edan et Rochain.

PRINCIPALES PUBLICATIONS DE L'AUTEUR

HISTOIRE POPULAIRE DE BOURGOGNE 3° éd. in 8°	3 fr.
HISTOIRE DE M. AGUT, fondateur des Sœurs du Saint-Sacrement d'Autun (avec illustrations), in 8°	4.
VIE DE M. JUILLET, vicaire général, in 8°	1. 50
HISTOIRE POPULAIRE DE CHALON-SUR-SAONE, in 12	2. 50
LES PÉRÉGRINATIONS EN ORIENT ET EN OCCIDENT, 2 forts vol. in-12 avec gravures	6.
CHARLES-LE-HARDI, surnommé le Téméraire, Comte de Charollais, in 16°	1. 50
VIE DE LA R. M. AUGUSTINE ANTIER, fondatrice des Sœurs dites de Chauffailles	1. 50
RECHERCHES HISTORIQUES SUR LA PERSÉCUTION RELIGIEUSE DANS LE MACONNAIS de 1789 à 1803, grand in 8° XLVIII-726 p.	8.
PRÉCIS HISTORIQUE DE LA RÉVOLUTION DANS LE MACONNAIS, grand in 8°, 136 p.	2. 50
LES ORIGINES DE L'ŒUVRE DE RIMONT	
I. Mme ANNE-EUPHROSINE DUBOIS, in 8°	0. 75
II. M. GUSTAVE-DÉSIRÉ BORDEAUX, in 8°	0. 50
LES PÉNITENTS DE CLUNY (en préparation)	

www.ingramcontent.com/pod-product-compliance
Ingram Content Group UK Ltd.
Pitfield, Milton Keynes, MK11 3LW, UK
UKHW021138260726
13994UKWH00001B/191

9 782019 993894